JN048698

お菓子はすごい！

パティシエが先生！

小学生から使える、子どものための

はじめてのお菓子の本

柴田書店

はじめに

お菓子は不思議です。

ちょっと材料を見てみましょう。
薄力粉やグラニューとうや生クリーム。たまごやバターに、
ときどきチョコレートやはちみつ……。
なんだか色が少ないですね。においもそんなにしませんね。
なのになぜ、あんなにおいしいものが、
できあがるのでしょう？　混ぜて焼くだけで、
あんなにいいにおいがするのは、なぜでしょう？
同じような材料なのに、ふくらんだり
ふくらまなかったりするのは、どうしてなのでしょう？
お菓子づくりには、不思議なことがいっぱいです。

みんなは、どんなお菓子が好きですか？
冷たいアイスクリームやゼリー。ふわふわのケーキや
サクサクのクッキー。どら焼きやチョコレート……。
たくさんあって、まよいますね。

この本には、みんなが食べたいお菓子や、
だれかにプレゼントしたいお菓子が、たくさんのっています。
お菓子をつくってくれたのは、プロのパティシエとシェフ。
おしえてもらったのは、子どもでもつくれる方法です。
だから、お菓子をつくるのがはじめてでもだいじょうぶ。
つくりたいお菓子を見つけたら、
どんどんつくってみてくださいね。

おとなの方へ

　この本では、子どもたちがつくれるよう、工程をできるだけ詳しくのせています。なかには、本来の方法とは異なる部分もありますが、つくれることを優先しています。
　子どものできることには個人差がありますので、かかる時間や難易度は記していません。お子さんが、どれくらいのことができるのかを見極めて、必要に応じてサポートをしてあげてください。包丁で小さく切る、火を使う、オーブンから出す、そして熱いお湯や多めの油を使う作業も、子どもだけでは危険です。

もくじ

冷蔵庫や冷凍庫で冷やしてつくる

なるほど！豆ちしき

レッツ トライ！

フライパンやホットプレートや鍋でつくる

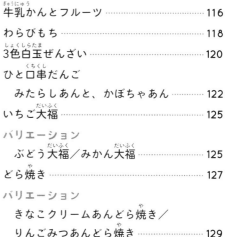

オーブンでつくる

和風のお菓子

プレゼントにぴったりなチョコレートのお菓子

撮影　海老原俊之
AD　細山田光宣
デザイン　能城成美、長坂 凪（細山田デザイン事務所）
イラスト　加納徳博
DTP　横村 葵
編集　長澤麻美

「なるほど！豆ちしき」
参考文献：『新版 お菓子「こつ」の科学』（河田昌子著／柴田書店刊）

この本の使い方

- この本には、いろいろなお菓子がのっています。つくりたいお菓子をえらびましょう。
- つくるお菓子がきまったら、材料とつくり方の文章や写真を見て、必要な材料と道具をそろえましょう。ボウルは、2こや3こ使うお菓子もあるので、必要な数もかくにんしておきましょう。
- お菓子は、準備と順番が大事です。いきなりつくりはじめるのではなく、はじめにつくり方を読んで、やることの順番を、かくにんしておきましょう。

- この本では、最初にやっておくことを、（はじめにやっておくこと）のところにまとめてのせています。
- つくるのに、少し時間がかかるお菓子もあります。プレゼントに使うときは、まにあうか、時間もかくにんしておきましょう。
- お菓子づくりに使う基本的な道具、材料、作業、言葉の説明は、10ページから14ページにのっています。
- たまごの白身の泡立て方は36ページに、生クリームの泡立て方は37ページにのっています。

この本のきまりごと

- 分量の「大さじ1」は、計量スプーンの大さじ1ぱい分で、15mℓです。「小さじ1」は計量スプーンの小さじ1ぱい分で、5mℓです。
- 「好きな量」は、自分の好みに合った量、または必要と思う量のことです。
- 「生クリーム」は、動物性のものを使っています。乳脂肪分が書いていないときは、35％のものです。バターは、塩が入っていない「無塩バター」を使っています。
- 「ヨーグルト」は、甘くないプレーンヨーグルトを使っています。
- 「ココアパウダー」は、チョコレートと同じカカオ豆からつくられます。この本では、さとうの入っていないものを使い、チョコレートのなかまとしてあつかっています。
- 「たまご」は、白身＋黄身の全卵です。
- 「ビターチョコレート」は、お菓子づくり用のチョコレートです。板チョコレートでも

つくれますが、味は少しかわります。
- 「弱火」（◊◊◊）は、ほのおの先が鍋の底にあたらない状態。「中火」（◊◊◊◊）は、ほのおの先が鍋の底に少しあたっている状態。「強火」（◊◊◊◊◊）は、ほのおが鍋の底全体にあたっている状態が目安です。
- 道具は、きちんと洗って、水気をしっかりふきとったものを使っています。
- 電子レンジは600Wのものを使っています。
- つくり方の文の中に出てくる時間は、だいたいの時間です。使う調理器具などによって、少しかわることもあります。
- 焼き時間も目安です。お菓子の色を見たり、指でさわってみたり、竹串をさしてみたりして、焼けているかをかくにんします。
- お湯を使う、蒸す、油で揚げるなど、少しむずかしかったり、あぶなそうなことは、おとなの人にてつだってもらいましょう。

さあ、やってみよう！

おしえてパティシエ！

パティシエは、お菓子をつくる職人さんのこと。
まちのお菓子屋さんやレストランのお菓子は、
パティシエがつくっている。レストランでは、
料理をつくるシェフが、お菓子をつくることもあるよ。
そんなお菓子のプロたちに、お菓子づくりのコツを、
しっかりおしえてもらっちゃおう！

お菓子大好き！
パティシエみたいに、おいしくつくれるといいな。
できるかな……。

だいじょうぶ！
混ぜたり、焼いたり、かためたり。
なんだか実験みたいで、おもしろそうだぞ。

プレゼントのお菓子は、自分でつくりたいから、
あげたくなるお菓子が、いっぱいあるといいな。

バレンタインデーには、
お兄ちゃんの分もわすれないでね！

お菓子づくりをはじめるまえに、
身じたくをととのえましょう。

❶エプロンをつける。
❷髪が長い子は、髪をしばる。
　三角巾があればつける。
❸服のそでが長ければ、まくっておく。
❹つめが長ければ、切っておく。
❺手を洗っておく。

おしえてくれるパティシエたち

みんながつくりやすい
つくり方を考えたよ。
味は、お菓子屋さんにも
まけないぞ!

「リョウラ」のパティシエ
菅又さん

アイスクリームも、
いろいろあるよ。
どれもおいしいから、
つくってみてね。

「パティスリー ユウ ササゲ」の
パティシエ
捧さん

プレゼントに使えるお菓子や
デコレーションのアイデアも、
たくさんおしえるわよ!

「オトワレストラン」の
パティシエ
音羽さん

和風のお菓子もおわすれなく。
もちもちした食感は、
ほかにはないおいしさだよ。

日本料理店
「賛否両論」のシェフ
笠原さん

お菓子をつくりはじめるまえに、おぼえておきたいことや道具の使い方

❶ 材料のはかり方

デジタルタイプが
使いやすい。

はかりで重さをはかる

先にうつわをのせて、目盛りを0gにしてから、うつわにはかりたいものを入れてはかる。

※gは「グラム」と読む。

たまごの重さをはかるとき

たまごの重さをはかるときは、といたたまごを、ボウルに入れてはかる。

これは200mlまで
はかれるもの。

計量カップで量をはかる

計量カップをたいらなところにおいて、材料を入れ、横からまっすぐ目盛りを見る。

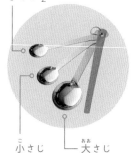

小さじ $\frac{1}{2}$

小さじ　大さじ

大さじ1は15ml、小さじ1は5mlの計量スプーンを使う。はかり方は同じ。

計量スプーンで量をはかる　※mlは「ミリリットル」と読む。

大さじ1

液体は、ふちからこぼれないように入れる。

粉類は、山盛りにすくってから、すりきりベラですりきる。

大さじ $\frac{1}{2}$

粉類は、大さじ1の形にしてから、すりきりベラでまん中に線を入れて半分をかき出す。

---

❷ 包丁のおき方

包丁をおくときは、刃をむこう側にむけて、まな板の奥のほうにおく。

❸ フライパンや鍋のおき方

柄

フライパンや鍋を火にかけるときは、柄を横のほうにむけておく。

④ たまごの黄身と白身の分け方

たまごをわって、からのふちを使って白身をおとしながら黄身と分ける。

または、中身を全部ボウルに入れてから、手で黄身をとり出して分ける。

⑤ 「粉をふるう」とは

薄力粉やココアパウダーなどの粉類を、粉ふるいに入れて、ふるいおとすこと。これは、粉のかたまりをなくすため、空気を入れてふんわりさせるため、何種類かの粉を合わせて、全体を同じ状態にするためにする。

粉ふるい
底だけがあみになったものや、柄がついたものなどがある。目のこまかいザルなどを使ってもよい。

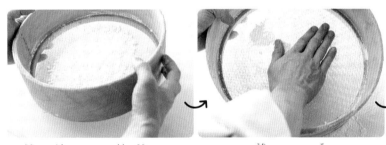

大きな紙かボウルの上に粉ふるいを用意する。そこに粉を入れて、こまかくゆすって下におとす。

のこった粉のつぶは、手でなでるようにしてつぶしながらおとす。

ふるった粉。使うまで、このままふんわりとおいておく。

⑥ 「常温にもどす」とは

バターやたまごなどを、冷蔵庫から出しておいて、冷えすぎていない状態にすること。冷たいまま使うと、ほかの材料と混ざりにくかったり、お菓子の食感が悪くなったりする。

常温にもどす方法

バターは小さめの四角に切ってボウルに入れ、ラップをかけて部屋においておく。常温にもどるまでの時間は、季節や部屋の温度などによってかわる。急ぐときは、電子レンジに5秒ぐらいずつかけて、ようすを見ながらやわらかくする。指でおしてみて、簡単におせるくらいになればよい。とかさないように注意する。

たまごは、材料をはかったりするまえに、冷蔵庫から出しておく。急ぐときは、40℃くらいのぬるま湯に、20分ぐらいつけておく。または、たまごをわってボウルに出し、そのボウルをぬるま湯につけてもよい。

❼ ハンドミキサーを使うときに気をつけること

1 ハンドミキサーをもっていない手で、ボウルのふちをおさえる。タオルをぬらしてしぼり、ボウルの下にしいておくと、ボウルがうごきにくい。

2 ハンドミキサーのはねを、ボウルの材料の中にまっすぐ入れてから、スイッチを入れる。最初は低速でスタートして、そのあと速度をあげる。

3 少し泡立ってきたら、ハンドミキサーを同じ方向にまわしながら混ぜる。

4 スイッチをきってから、ボウルから出す。

はね

ハンドミキサー

泡立て器　ゴムベラ

❽ 泡立て器やゴムベラを使った混ぜ方

1 グラニューとうとたまごなどを、泡立て器で「すり混ぜる」

泡立て器の柄の下のほうをもって、ぐるぐるまわしながら、グラニューとうのつぶをすりつぶすように、しっかり混ぜる。

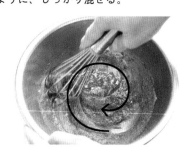

2 生地をねらないように「切るように混ぜる」「さっくり混ぜる」ともいう。

ゴムベラを、丸くなっているほうを下にしてもち、生地に入れる。ゴムベラをたてにうごかして切るようにしたり、ときどき生地を下からすくってうら返すようにして混ぜる。

3 泡立てた材料の泡をつぶさないように「さっくり混ぜる」

ゴムベラを、丸くなっているほうを下にしてもち、生地に入れる。生地をすくって、ゴムベラをうら返すようにしておとす。1回ごとに、はんたいの手ではんたい方向にボウルをまわす。

4 生クリームを「泡立てる」

泡立て器の柄の下のほうをもって、ボウルに入れる。泡立て器を同じ方向に行ったり来たりさせながら、シャカシャカと早くうごかして、生クリームを使いたいかたさにする。

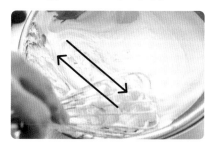

⑨ オーブンを使うときに気をつけること

1 オーブンはかならず「予熱」しておく。予熱は、オーブンの中の温度を、そのお菓子を焼く温度にまえもって温めておくこと。予熱の機能があるオーブンは、「予熱あり」を選んで、焼く温度と加熱時間を設定する。温まるのに時間がかかるので、焼く生地を天板にならべおわったときには、予熱がおわっているように、スタートする。

2 オーブンのとびらをあけると中の温度がさがるので、あけたらすばやくしめる。

3 生地が焼けてかたまるまでは、とちゅうでとびらをあけない。

4 オーブンの中は、焼けやすいところと焼けにくいところがあるので、とちゅうで、天板のまえと奥を入れかえることがある。天板は熱いので、かならず軍手などをはめた手でさわる。

---

⑩ そのほかの道具

※このほか、鍋、フライパン、あみじゃくし、木ベラ、フライ返し、こし器、茶こし、いろいろなお菓子の型、軍手やミトンなども使う。

ボウル
ステンレス製の大・中・小がなんこかずつあると便利。電子レンジには使えない。

スパテラ
クリームをぬるときなどに使う。パレットナイフともいう。

カード
生地を混ぜたり、切ったりなど、いろいろな使い方ができる。

横口レードル
液体をすくって、型に入れるときなどに使う。丸いお玉でもよい。

はけ
型にバターをぬったり、生地にたまごをぬったりするときに使う。

温度計
温度をはかる。デジタル温度計、棒温度計、赤外線温度計などがある。

しぼり袋と口金
しぼり袋は使いすてタイプが便利。口金はいろいろな形と大きさがある。

バット
粉をまぶしたりするときに使う。

タイマー
生地をねかせる時間などを、音でしらせてくれる。なければ時計でもよい。

クッキングシート
お菓子をオーブンで焼くときに、天板や型にしいたりする。

あみ
焼きあがったお菓子を、さますときに使う。ケーキクーラーともいう。

回転台
ケーキにクリームをぬるときに使う。なければ、大きなお皿を使ってもよい。

この本で使う、基本の材料

薄力粉
小麦粉の種類のひとつ。この本では、このほかに「強力粉」も使っている。

白玉粉

上新粉

コーンスターチ

アーモンド
パウダー

ココア
パウダー

ベーキング
パウダー

重そう

粉かんてん

かりゅう
ゼラチン

板ゼラチン

アガー

たまご

牛乳

無塩バター

生クリーム
乳脂肪のものを使う。乳脂肪分が35％から47％までのものが多い。

クリームチーズ

グラニューとう
さとうの種類のひとつ。この本では、このほかに「上白とう」も使っている。

きびざとう

粉ざとう

はちみつ

ビター
チョコレート
お菓子づくり用のチョコレート。

板チョコレート

チョコレート
チップ

バニラ
エッセンス

チョコレート
スプレー

チョコペン

フリーズドライの
フランボワーズ
フレーク

ココナッツ
ファイン

冷蔵庫や冷凍庫で冷やしてつくる

プルプルのゼリーやなめらかなあんにん豆腐、チョコレートプリンやレアチーズケーキ…。冷蔵庫でかためるお菓子には、冷やすとかたまるゼラチンなどの力を使うよ。そして冷凍庫や氷で冷やしてつくるのは、みんなが好きな、アイスクリームだ!

ぶどうゼリー

ジュースを使って、簡単にゼリーがつくれるよ。
果汁100％の、おいしいジュースを使ってね。

冷たいジュースと
熱いゼラチン液を合わせると、
かたまりができてしまう
ことがあるから、最初に半分混ぜて
温度をちかづけるよ。

つくりやすい量の材料

- ぶどうジュース…200g
- 水…45mℓ
★ グラニューとう…35g
- 板ゼラチン…4.5g

しあげにかける

ぶどうジュース
…1人分大さじ1
かざり用のぶどう
…あれば少し

※ぶどうジュースは、果汁100
　％のもの。
※かざり用のぶどうは、皮ご
　と食べられるものがいい。
　なくてもいい。

ぶどう
ジュース

つくり方 （はじめにやっておくこと）

材料をはかる。★のぶど
うジュースはボウルに入
れておく。

板ゼラチンは氷水につけ
てやわらかくし、ペーパ
ータオルで水気をとる。

（ゼリー液をつくる）

1 鍋に★の水とグラニューとうを入れて、中火にかける。ゴムベラで混ぜながら、とかす。

2 1が温まってグラニューとうがとけたら、ゼラチンを入れる。

3 ゴムベラでよく混ぜる。

（冷蔵庫で冷やしかためる）

4 ゼラチンがとけたら、ボウルの中のぶどうジュースの半分を入れて混ぜる。

5 4を、のこりのぶどうジュースが入ったボウルに入れて、混ぜ合わせる。

6 混ざったら、タッパーなどに入れる。冷蔵庫に3時間ぐらい入れて、冷やしかためる。

表面の泡は、冷蔵庫に入れるまえに、食品用アルコールスプレーをふきかけると消せるよ。

7 かたまったら、大きなスプーンで大きくすくって、うつわに盛りつける。

8 ぶどうジュースを、大さじ1ずつかける。

9 ぶどうの上の部分を少し切りおとして、たて4等分に切る。ゼリーの上に3つぐらいのせる。

オレンジゼリーと
ミントのゼリー

オレンジとさわやかなミント、
2つの味がたのしめるゼリーだよ。
とうめいなゼリーが、
キラキラしてきれいだね。

つくりやすい量の材料

**つくりやすい量の
ミントのゼリーの材料**
水…220㎖
ミント…1枝分
★ ┌ グラニューとう…40g
  └ アガー…5g

7こ分のオレンジゼリーの材料
オレンジジュース…350g
◆ ┌ グラニューとう…40g
  └ アガー…5g
シャインマスカット
…あれば1人分1つぶ

※オレンジジュースは、果汁100%のもの。
※アガーは、伊那食品工業の「イナアガーL」を使っている。

アガーは、ゼリーなどを
かためるのに使われる材料。
とうめいなゼリーを
きれいにつくるのにむいている。
すぐにかたまるのが特徴だ。

つくり方 （はじめにやっておくこと）

アガーはグラニューとう
と混ぜておくと、とかし
やすくなる。

ミントのゼリーの材料を
はかる。

★のグラニューとうとア
ガーを混ぜておく。

オレンジゼリーの材料を
はかる。

◆のグラニューとうとア
ガーを混ぜておく。

（水にミントの味と香りをうつす）

鍋が熱いから、やけどを
しないように気をつけて。

（オレンジゼリーをつくる）

1

鍋に水220㎖を入れて、強火に
かける。わいたら火をとめ、ミ
ントを入れる。

2

❶の鍋に、すぐにラップをピチ
ッとかけてふさぐ。そのまま10
分おく。

3

別の鍋にオレンジジュースを入
れて中火にかける。わく直前に
◆を少しずつ入れて混ぜる。

表面の泡は、食品用ア
ルコールスプレーをふ
きかけると消せるよ。

（ミントのゼリーをつくる）

4

泡立て器で混ぜつづけて、わい
たら、火からおろす。

5

❹が熱いうちに7このうつわに
入れる。さわれるくらいにさめ
たら、冷蔵庫に入れておく。

6

❷からミントを出し、鍋を中火
にかける。わく直前に★を少し
ずつ入れ、混ぜながらわかす。

（盛りつける）

大きいスプーンで大きくすくっ
たほうが、きれいだよ。ミント
があれば、かざってもいい。

7

❻がわいたら、タッパーなどに
入れる。さわれるくらいにさめ
たら、冷蔵庫に入れておく。

8

シャインマスカットは、上を少
し切りおとして、たて4等分に
切る。

9

かたまった❺のゼリーの上に❽
をのせ、かたまった❼のゼリー
をスプーンですくってのせる。

ブランマンジェ

ブランマンジェは、フランス語で「白い食べ物」という意味。
牛乳に、アーモンドの風味をうつして、
やわらかくかためてつくるデザートだよ。
ちょっと酸味のあるフルーツのソースがよく合う。

6こ分の材料

牛乳…270g

アーモンドダイス…25g

グラニューとう…40g

板ゼラチン…5g

生クリーム…90g

キウイ…1こ

※アーモンドダイスは、こまかく切って売っているアーモンド。
※生クリームは、乳脂肪分35%のもの。

ゼラチンをとかした牛乳を、
きちんと冷やして
とろみをつけてから、
生クリームと合わせるのが
ポイントだよ。

つくり方 （はじめにやっておくこと）

泡立て方は37ページを見てね。グラニューとうは入れないよ。

材料をはかる。

アーモンドダイスは、160℃のオーブンで、12分から15分焼いておく。

板ゼラチンは氷水につけてやわらかくし、ペーパータオルで水気をとる。

生クリームは六分立てくらいに泡立て、ボウルごと冷蔵庫に入れておく。

（牛乳にアーモンドの味と香りをうつす）

こうやって、香りをとじこめる。鍋が熱いから、やけどしないように気をつけてね。

こし器の中のアーモンドは、ゴムベラでおして、しっかり牛乳をおとそう。

1 牛乳を鍋に入れて、中火にかける。わいたら、アーモンドダイスを入れる。

2 1がまたわいたら火をとめる。すぐに、ラップをピチッとかけてふさぐ。10分おいておく。

3 ボウルの上に、こし器を用意する。そこに2を流して、下のボウルに入れる。

（ブランマンジェをつくる）

冷やしながら混ぜることで、少しずつとろみがついてくるんだ。

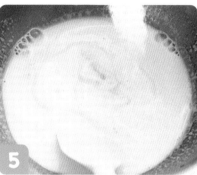

4 3のボウルの中にゼラチンを入れ、ゴムベラで混ぜてとかす。

5 グラニューとうも入れて混ぜ、完全にとかす。

6 別のボウルに氷水を用意して、5のボウルをつける。とろみがつくまでゴムベラで混ぜる。

こうすると、生クリームと牛乳がきれいに混ざる。

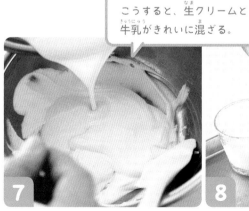

7 生クリームのボウルに、6を$\frac{1}{4}$ぐらい入れて混ぜる。これを、6のボウルにもどして混ぜる。

8 7を6このうつわに入れる。冷蔵庫に2時間ぐらいおいて、冷やしかためる。

9 キウイを半分に切り、実をスプーンでとり出し、みじん切りにする。かたまった8にかける。

マンゴーは、
マンゴープリンに使う分と、
盛りつけてから上にかける分を
合わせて、ミキサーで
ペーストにしておくといい。

マンゴープリン

冷凍マンゴーでつくれるのに、
まるでレストランの
デザートみたいなしあがり！

つくりやすい量の材料

牛乳…175g

グラニューとう…40g

板ゼラチン…5g

冷凍マンゴー…180g

甘くないヨーグルト…35g

生クリーム…95g

★ ┌ 盛りつけ用の冷凍マンゴー
  └ …4人分で60gくらい

※生クリームは、乳脂肪分35%
のもの。

つくり方 （はじめにやっておくこと）

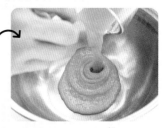

材料をはかる。マンゴーは解凍しておく。

板ゼラチンは氷水につけてやわらかくし、ペーパータオルで水気をとる。

マンゴープリン用と★のマンゴーを、ミキサーにかけてペーストにする。

180gはボウルに入れ、のこりはうつわに入れて、冷蔵庫に入れておく。

（マンゴープリン液をつくる）

牛乳を鍋に入れて中火にかけ、50℃くらいに温める。グラニューとうを入れ、混ぜてとかす。

グラニューとうがとけたら、ゼラチンも入れ、混ぜてとかす。

マンゴーのペーストが入ったボウルに、2の牛乳を入れながら泡立て器で混ぜる。

ヨーグルトも入れる。

全体が同じ状態になるまでよく混ぜる。

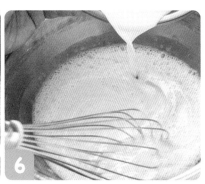

生クリームも入れて、全体が同じ状態になるまでよく混ぜる。

（冷蔵庫で冷やしかためる）

大きいスプーンですくったほうが、きれいだよ。

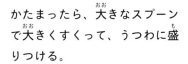

6をタッパーなどに入れる。冷蔵庫に3時間ぐらい入れて、冷やしかためる。

かたまったら、大きなスプーンで大きくすくって、うつわに盛りつける。

冷蔵庫に入れておいたマンゴーのペーストを、大さじ1ぐらいずつかける。

23

チョコレートプリン

オーブンを使わずに、冷蔵庫でかためるタイプの
チョコレートプリンだよ。
チョコレートは、味の濃いものがおすすめ。

生クリームとチョコレートの
合わせ方がポイント。
合わせながらよく混ぜると、
なめらかになる。

5こ分の材料

ビターチョコレート…55g

★ 生クリーム…65g
　 水あめ…15g
　 板ゼラチン…3.5g

◆ 生クリーム…145g

甘くないココアパウダー
　　…好きな量

※ここで使ったビターチョコ
　レートは、ミルクが入って
　いない、お菓子づくり用の
　チョコレート。
※生クリームは、乳脂肪分35
　％のもの。

つくり方 （はじめにやっておくこと）

材料をはかる。チョコレートはボウルに入れる。

板ゼラチンは氷水につけてやわらかくし、ペーパータオルで水気をとる。

フライパンに50℃のお湯を入れ、チョコレートのボウルをつけてとかす。

（チョコレートプリン液をつくる）

1 鍋に★の生クリームと水あめを入れて、中火にかける。ゴムベラで混ぜて、水あめをとかす。

2 わいたら火からおろす。★のゼラチンを入れ、混ぜてとかす。

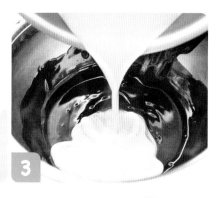

3 とけたチョコレートが入ったボウルに、2を入れる。

生クリームをいちどに入れると、きれいに混ざりにくいからね。

4 泡立て器で、完全に混ざるまでよく混ぜる。

5 ◆の生クリームを半分入れて、泡立て器でよく混ぜる。

6 のこりの生クリームを全部入れて、また泡立て器でよく混ぜる。

（冷蔵庫で冷やしかためる）

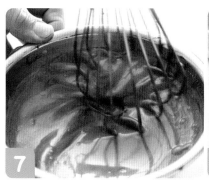

7 全体がなめらかになればいい。

8 7を5このうつわに入れる。冷蔵庫に3時間ぐらい入れて、冷やしかためる。

9 かたまったら、ココアパウダーを茶こしに入れてふりかける。

生クリームを入れないで
その分牛乳をふやせば、
もう少しさっぱりした
あんにん豆腐になるわよ。

あんにん豆腐

中華料理のデザートだね。
生クリームを使っているから、とってもクリーミー。
「きょうにんそう」を使ってつくると
本格的な味になるから、ためしてみてね。

きょうにんそう

つくり方 （はじめにやっておくこと）

材料をはかる。

くこの実は、水につけて
もどしておく。

板ゼラチンは、氷水につ
けてやわらかくする。

軽くしぼってから、ペー
パータオルではさんで水
気をとる。

（材料を混ぜ合わせる）

1 ボウルに◆のグラニューとうときょうにんそうを入れて、泡立て器で混ぜ合わせる。

2 鍋に★の牛乳、生クリーム、水を入れて、中火にかける。

3 2に1を入れる。

4 泡立て器でよく混ぜながら、グラニューとうをとかす。

5 ときどき混ぜながら温めつづける。だんだん鍋のまわりに、小さな泡が出てくる。

6 5の泡がふえて、わく直前になったら火をとめて、ゼラチンを入れる。よく混ぜてとかす。

（冷蔵庫で冷やしかためる）

> 表面の泡は、冷蔵庫に入れるまえに食品用アルコールスプレーをふきかけると消せるよ。

7 氷水を用意し、6の鍋を氷水につけてさます。さわれるくらいにさめたら、バットなどに流す。

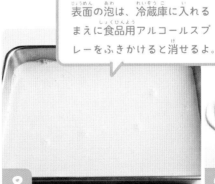

8 冷蔵庫に数時間入れて、冷やしかためる。

9 大きなスプーンですくってうつわに盛る。缶詰のみかんとシロップを入れ、くこの実をのせる。

*りんごジュース、ぶどうジュース、みかんジュースで
つくったものを、いっしょに盛りつけた。

ゼリー液ができたら、
熱いうちに型に流そう。
さめるとかたまって
きちゃうからね。

グミふうキャンディー

みんなが大好きなグミも、自分でつくれちゃう。
売っているグミよりちょっとやわらかめで、おいしいよ。
甘みはグラニューとうの量でかえられるから、
好きな甘さにしてね。

いろんなジュースで
つくれるよ！

りんご
ジュース

みかん
ジュース

ぶどう
ジュース

つくりやすい量の材料

好きなフルーツのジュース
　…100g

グラニューとう
　…10gから30g

かりゅうゼラチン…10g

※型は100円ショップなどで売
　っているシリコン型を使った。

※ジュースは果汁100％のもの。
　ここではりんごジュースを使
　った。

※かりゅうゼラチンのかわりに
　板ゼラチンを使ってもよい。
　使い方は26ページを見る。

つくり方 （はじめにやっておくこと）

液体を入れてからだと、型をうごかすのが大変だからね。

材料をはかる。

型はバットなどに入れておく。

（ゼリー液をつくる）

1

グラニューとうとかりゅうゼラチンを合わせておく。

2

鍋にジュースを入れて、**1**を入れる。

3

泡立て器で混ぜ合わせる。

4

3の鍋を弱めの中火にかける。ゴムベラで混ぜながら、ゼラチンのつぶをしっかりとかす。

（冷蔵庫で冷やしかためる）

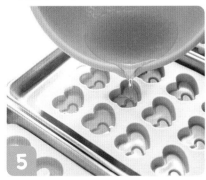

5

ゼラチンがとけたら、注ぎ口つきのボウルや計量カップなどに入れて型に流す。おいておく。

6

さわれるくらいにさめたら、冷蔵庫に15分以上入れて、冷やしかためる。型からとり出す。

7

できあがり。ずっとおいておくととけてくるので、とっておく場合は冷蔵庫に入れる。

本当は、コーヒーをしみこませた
ビスケットを下にしいてつくるけど、
ここでは簡単に、カップのコーヒーゼリーを
使った。これもおいしいよ！

ティラミス

ティラミスはイタリアのデザート。
生クリームやマスカルポーネチーズと
コーヒー味の組み合わせが、
ちょっとおとなっぽいね。

6こ分の材料

┌ グラニューとう…50g
★
└ たまごの黄身…30g

水…20㎖

板ゼラチン…3g

マスカルポーネチーズ…90g

生クリーム…180g

コーヒーゼリー…2こ

甘くないココアパウダー
　　…好きな量

※生クリームは、乳脂肪分35
　％のもの。

※コーヒーゼリーは、上に白い
　クリームがかかったものを使
　った。

マスカルポーネ　　　コーヒー
チーズ　　　　　　　ゼリー

つくり方 （はじめにやっておくこと）

材料をはかる。生クリー
ムは、八分立てにして冷
蔵庫に入れておく。
▶泡立て方は37ページ。

板ゼラチンは氷水につけ
てやわらかくし、ペーパ
ータオルで水気をとる。

うつわに、コーヒーゼリ
ーを大さじ1ぐらいずつ
入れておく。

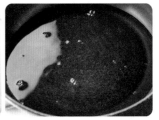

大きめのフライパンなど
に、60℃のお湯を用意し
ておく。

ボウルに★を入れ、泡立て器でよくすり混ぜる。

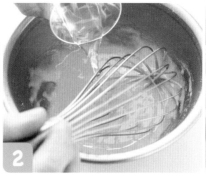

しっかり混ざったら、水20mlも入れて、また混ぜ合わせる。

お湯を入れたフライパンを弱火にかけ、2のボウルをつけ、泡立て器で4分ぐらい泡立てる。

> 泡立てて軽さを出すためと、さまして、このあとに混ぜる材料の温度にちかづけるためだよ。温度がちかいほうが混ざりやすいんだ。

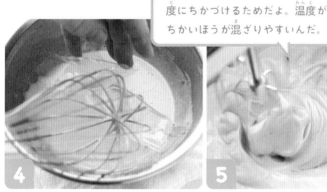

ボウルの中が60℃くらいになったら、お湯から出してゼラチンを入れ、1分ぐらい混ぜる。

ゼラチンがとけたら、ハンドミキサーにもちかえて、高速で1分ぐらい泡立てる。

マスカルポーネチーズを別のボウルに入れ、5を $\frac{1}{4}$ ぐらい加え、泡立て器で混ぜてなじませる。

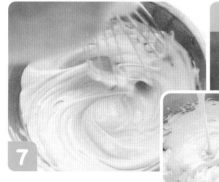

6を5のボウルのほうにもどして、泡立て器で30秒ぐらい混ぜ合わせる。

八分立てにした生クリームに7を加え、ゴムベラで下からすくいあげるようにしながら混ぜる。

コーヒーゼリーを入れたうつわに入れて、冷蔵庫で1時間冷やす。茶こしでココアをふる。

バリエーションはつぎのページ ≫

31

　のこったスポンジ生地やビスケットがあった
ら、30ページのコーヒーゼリーのかわりにそれ
をうつわの底にしいて、コーヒーシロップをし
みこませてもいい。
　ここでは、108ページのいちごのショートケ
ーキをつくるときに、110ページで切りとった、
スポンジ生地の上の茶色い部分を使ったよ。

ティラミス6こ分の コーヒーシロップの材料

┌ インスタントコーヒーの粉…3g
◆
└ グラニューとう…3g
　お湯…100㎖

1 スポンジ生地の茶色い部分を、丸い型で6枚ぬく。

2 ボウルに◆とお湯100㎖を入れ、泡立て器で混ぜてとかす。

3 うつわに**1**のスポンジ生地を1枚ずつ入れ、

4 **2**を大さじ1ぐらいずつ入れて、しみこませる。

5 つづきは31ページと同じようにしてつくる。

レアチーズケーキ

はじめてケーキをつくるなら、これがおすすめ！
混ぜた材料を型に入れて、冷蔵庫に
ひと晩おけばできあがるよ。

混ぜるだけだけど、
温度や混ぜる順番、
混ぜ方は大事だぞ。

つくり方 （はじめにやっておくこと）

材料をはかる。クリーム
チーズは常温にもどして
おく。
▶「常温」の説明は11ページ。

型の片側に、ラップを、す
きまができないようにぴ
っちりはりつける。

グラハムクッキーは、ビ
ニール袋に入れて、めん
棒であらくくだく。

板ゼラチンは氷水につけ
てやわらかくし、ペーパ
ータオルで水気をとる

つぎのページにつづく ≫

（底の部分をつくる）

下のお湯はあとで
また使うよ。

ボウルなどに50℃から60℃ぐらいのお湯を用意して、バターを入れたボウルをつけてとかす。

1のバターのボウルをお湯から出し、グラハムクッキーを入れ、ゴムベラで混ぜ合わせる。

型をバットなどにのせて2を入れ、ゴムベラでおして、全体にのばす。冷蔵庫に入れておく。

（材料を混ぜ合わせる）

温めるとグラニューとう
もとけやすくなるし、泡
立ちやすくなるんだ。

生クリームをボウルに入れ、37ページのようにして八分立てに泡立て、冷蔵庫に入れておく。

別のボウルにたまごの黄身とグラニューとうを入れ、泡立て器ですり混ぜる。

1のお湯に5のボウルをつけて泡立て器で混ぜながら、45℃から50℃くらいに温める。

たらすとすじがの
こるくらいになる。

6のボウルをお湯からとり出し、ハンドミキサーの高速で3分ぐらい泡立てる。おいておく。

別のボウルにレモン汁を入れて1のお湯につける。ゼラチンを入れゴムベラで混ぜてとかす。

別のボウルにクリームチーズを入れて、ゴムベラで混ぜて、やわらかくする。

10

⑧のゼラチンのボウルに⑨のクリームチーズを$\frac{1}{3}$くらい入れ、泡立て器でよく混ぜる。

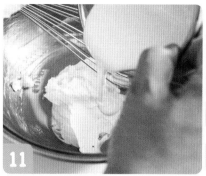

11

のこりのクリームチーズが入った⑨のボウルに、⑩を入れて、早く混ぜ合わせる。

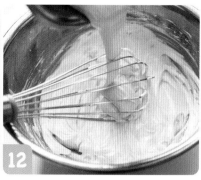

12

⑪がきちんと混ざったら、⑦を入れる。

あまり強く混ぜなくていいよ。

13

泡立て器で軽く混ぜ合わせる。

14

⑬に、④の泡立てた生クリームを入れて、また軽く混ぜる。

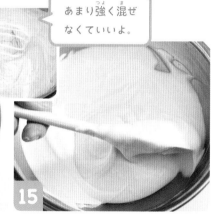

15

ゴムベラで、下からすくいあげるようにしながらさっくり混ぜて、全体を同じ状態にする。

（冷蔵庫で冷やしかためる）

16

③の型を冷蔵庫からとり出して、⑮を入れる。

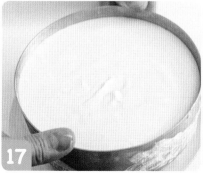

17

ひくいところから、トントンと下の台にあててなじませる。冷蔵庫にひと晩入れておく。

こうすると、きれいにぬけるよ。

18

ラップをとり、温かいぬれタオルを巻いて少し温め、コップなどにのせ、型をおろしてぬく。

「泡立てる」って、なに？

お菓子のつくり方の中には、「泡立てる」という言葉がよく出てくるね。「たまごの白身を泡立てる」とか、「生クリームを泡立てる」とか。泡立て器やハンドミキサーで、たくさんかき混ぜると、白身や生クリームが、どんどんふわふわになって、ゴムベラですくえるくらいになる。これを「泡立てた」というね。でも、「泡立てる」って、いったいどういうことなんだろう？

たまごの白身がしっかり泡立つわけ

ここでいう泡は空気のこと。泡立てた白身の中には、たくさんの空気のつぶが入っているんだ。泡立て器やハンドミキサーで混ぜながら、白身の中に、まわりの空気をたくさん入れていたんだね。でも、どうしてこんなにたくさん泡が入れられるんだろう？　たとえば水は、いくら早く混ぜてもこんなふうに泡立たない。それはね、白身の成分の中に、空気の泡をたくさんかかえこむことができる、たんぱく質があるからなんだ。

白身の泡の特徴は、これだけじゃないよ。シャボン玉をつくるときのせっけん水も、混ぜると泡はたくさん立つけれど、時間がたつと消えちゃうね。それにくらべて白身の泡は、しっかりして長もちする。これも、白身のたんぱく質の力なんだ。

たまごの白身の泡立て方

⚠ **注意すること**

- きれいなボウルやハンドミキサーを使うこと。もし、ボウルやハンドミキサーにバターや油がついていたら、それが泡の膜をこわしてしまうので、うまく泡立たない。

- グラニューとうは、何回かに分けて入れること。グラニューとうなどのさとうは、泡の膜をしっかりさせるはたらきもするけれど、最初から全部入れてしまうと、泡立ちにくくなってしまう。

しっかり
泡立った状態

＊グラニューとうを何回に分けるかは量による。ここでは120gの白身に、60gのグラニューとうを5回に分けて加えている。

1 ボウルに冷えた白身を入れてほぐし、グラニューとうの $\frac{1}{5}$ を入れ、ハンドミキサーの高速で泡立てる。

2 白くなって少しふんわりしてきたら、のこりのグラニューとうの $\frac{1}{4}$ を入れる。

3 また泡立てる。のこりのグラニューとうも、3回に分けて入れながら、そのたびに泡立てる。

生クリームがしっかり泡立つわけ

　こんどは、生クリームが泡立つしくみを見てみよう。

　ところで、生クリームはなにからできているかしっているかな？　そう、牛乳だね。牛乳の中の、「乳脂肪」をあつめたのが、生クリームだよ。生クリームの乳脂肪は、うすい膜でつつまれた「脂肪球」という形で、水分の中にちらばっている。でも、生クリームを泡立て器やハンドミキサーで強く混ぜると、この脂肪球どうしがぶつかって、表面の膜にきずがついて、脂肪球どうしがくっついたり、空気のつぶのまわりにあつまって、膜のようになる。

　そして、もっと混ぜつづけると、脂肪球がどんどんつながって、あみの目のようになってくる。この、脂肪球のあみで、空気や水分がとりかこまれた状態を、生クリームが「泡立った」というんだ。

生クリームの泡立て方

! 注意すること

・氷水で冷やしながら泡立てないと、しっかり泡立たない。
・十分立て以上に泡立てるとボソボソになるので気をつける。

＊泡立てた生クリームのかたさは、「七分立て」、「八分立て」などの言い方であらわす。

グラニューとうを入れるときは、いっしょに入れる。

1　ボウルに生クリームを入れて、氷水につけ、ハンドミキサーを入れて、高速で泡立てる。

2　ハンドミキサーを、ぐるぐるとまわしながら、5分ぐらい泡立てる。

3　まだとろっとして、下におちても形がのこらない。これが「六分立て」。

4　ここからまた30秒ぐらい、同じように泡立てる。

5　下におちたクリームが、すじになってから、ゆっくり消える状態になった。これが「七分立て」。

6　中速でもう20秒ぐらい泡立てると、「八分立て」になる。ここからは泡立て器で、「九分立て」や「十分立て」にする。

練乳いちご
アイスクリーム

氷に塩を加えると、0℃より冷たくなる。
これを利用すれば、
アイスクリームが簡単につくれるんだ。

氷に塩を加えると、なんで
こんなに冷たくなるのかな？
興味があったら
しらべてみよう！

つくりやすい量の材料

いちご…100g
牛乳…100g
コンデンスミルク…50g
氷…250g
塩…75g

※いちごのかわりに、ほかの
　フルーツを使ってもよい。

つくり方 （はじめにやっておくこと）

材料をはかる。氷は使う
ときまで冷凍庫に入れて
おく。

いちごは、ヘタを切りお
とす。

（材料を合わせる）

1 Mサイズのジップロックに、いちごを入れる。

2 ①に牛乳と、コンデンスミルクを入れる。

3 中の空気をできるだけぬいてから、ジップロックの口をぴっちりとじる。

（冷やしながらもむ）

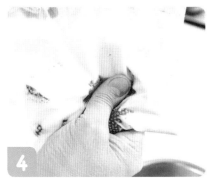

4 手でもんで、中のいちごを少しつぶしておく。

5 Lサイズのジップロックに、氷を250g入れる。

6 ⑤に塩を75g入れる。

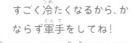

すごく冷たくなるから、かならず軍手をしてね！

7 ⑥の中に④のジップロックを入れて、⑥のジップロックの口を、ぴっちりとじる。

8 手に軍手をはめて、⑦の上からもむ。氷が中の袋全体にあたるようにしながらもむといい。

9 5分ぐらいもみつづけて、ちょうどよくかたまったら、スプーンですくってうつわに盛る。

グレープフルーツと
ミントのグラニテ

シャリシャリしたシャーベットみたいな
「グラニテ」は、さっぱりして、
食後のデザートにもぴったりだよ。

つくりやすい量の材料

グレープフルーツ…1こ

ピンクグレープフルーツ
　…1こ

「 グラニューとう…200g
★
」 水…450㎖

　ミントの葉…30枚

冷凍庫からとり出して
くずすのをわすれると、
カチカチになっちゃうから
気をつけて!

つくり方 (はじめにやっておくこと)

材料をはかる。

★を鍋に入れて中火にか
け、泡立て器で混ぜてと
かす。

とけたらボウルに入れて
氷水につけて冷やす。シ
ロップのできあがり。

（材料を混ぜる）

1

グレープフルーツとピンクグレープフルーツを、横半分に切る。

あとでくずすから、実は大きいままでだいじょうぶ。

2

1の実を大きいスプーンでとり出し、ボウルに入れる。

3

のこった皮を、ギュッとしぼって、出た汁を、2のボウルに入れる。

（冷凍庫で冷やしかためる）

4

ミントの葉も入れる。

5

4を全部、大きめのタッパーなどに入れる。

6

冷えたシロップも入れる。

グレープフルーツの実もミントも、ここでこまかくなる。

7

冷凍庫に入れる。15分から20分ぐらいたったら、いったん冷凍庫からとり出す。

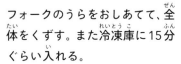

8

フォークのうらをおしあてて、全体をくずす。また冷凍庫に15分ぐらい入れる。

9

このあと、8と同じことをもう4回から5回くりかえせば、できあがり。

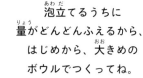

泡立てるうちに
量がどんどんふえるから、
はじめから、大きめの
ボウルでつくってね。

パルフェ

シロップとたまごの黄身を泡立てて、
泡立てたたっぷりの生クリームと
合わせてつくる、バニラアイスだよ。

つくりやすい量の材料

たまごの黄身…4こ

★ ┌ グラニューとう…100g
   └ 水…70㎖

◆ ┌ 生クリーム…270g
   └ バニラエッセンス…5滴

※生クリームは、乳脂肪分42
　%のもの。

つくり方 （はじめにやっておくこと）

これ以上は泡
立てないよ

材料をはかる。

◆をボウルに入れ、37ペ
ージのようにして、十分
立てに泡立てる。

十分立てはこれくらいの
かたさ。ボウルごと冷蔵
庫に入れておく。

★を鍋に入れ、中火にか
けて、わかしておく。

42

（材料を混ぜる）

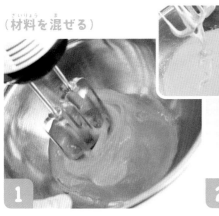

1
たまごの黄身をボウルに入れて、ハンドミキサーの高速で2分から3分ぐらい泡立てる。

2
1に、わかした★のシロップを少しずつ入れながら、またハンドミキサーの高速で泡立てる。

3
4分ぐらい泡立てて、これくらい白っぽくなればいい。

4
十分立てにした生クリームのボウルに、3を 1/3 くらい入れて、泡立て器で混ぜる。

5
4を全部、3のボウルのほうにもどす。

6
泡立て器で混ぜる。

（冷凍庫で冷やしかためる）

7
だいたい混ざったら、ゴムベラで10回ぐらい、下からすくいあげるようにしながら混ぜる。

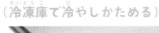

8
大きめのタッパーなどに入れる。

かたまったら、大きいスプーンですくって盛りつけて。

9
ラップをぴっちりはりつけ、冷凍庫に8時間以上入れて、冷やしかためる。

カッサータ

チーズや生クリームに、いろいろな
ドライフルーツやナッツを加えてつくる、
イタリアのアイスケーキだよ。

**5cm×17cm高さ6cmの型
1本分の材料**

生クリーム…150g

リコッタチーズ…150g

グラニューとう…60g

チョコレートチップ…15g

★ ┌ ドライアプリコット…2こ
  │ レーズン…15g
  │ ドライクランベリー…15g
  └ オレンジコンフィ…15g

◆ ┌ アーモンド…13つぶ
  │ クルミ…10つぶ
  └ ピスタチオ…大さじ1

※リコッタは、イタリア生まれのチーズ。
※生クリームは、乳脂肪分42%のもの。
※型は、タッパーなどを使ってもよい。

ドライフルーツは、お湯に
少し入れて、しっとり
させてから使うといい。

つくり方（はじめにやっておくこと）

材料をはかる。

★を包丁であらくきざむ。

お湯に入れて30秒くら
いおいてから、ザルにあ
けてお湯をきる。

アーモンドとクルミは
170℃のオーブンで6分
焼く。◆をあらくきざむ。

（材料を混ぜる）

泡立て方は、37ページを見てね。

1 生クリームをボウルに入れて、十分立てに泡立てる。冷蔵庫に入れておく。

2 別のボウルにリコッタチーズを入れてグラニューとうを加え、ゴムベラでよく混ぜ合わせる。

3 しっかり混ざったら、**2**にチョコレートチップを入れる。

4 ★と◆も入れる。ゴムベラで混ぜ合わせる。

5 **4**に**1**の生クリームを入れる。

6 ゴムベラでよく混ぜ合わせる。

（冷凍庫で冷やしかためる）

7 ラップを大きめに切って、型の中にしく。ラップは外側にはみ出すようにする。

8 **7**に**6**を入れる。型の片側をもって、てのひらにトントンとあてて、中身をしっかり入れる。

かたまったら、好きな厚さに切るか、大きなスプーンですくって盛りつける。

9 はみ出していたラップを上にかぶせ、冷凍庫に8時間以上入れて冷やしかためる。

いちごパフェをつくってみよう

お店で食べるみたいなパフェがつくれたら、たのしいね！
売っている材料や、手づくりアイスを使ってつくってみよう。

1人分の材料

フィユティーヌ

丸ごと使ういちご…1こ

切るいちご…4こぐらい

★ ┌ 生クリーム…100g
　　└ グラニューとう…5g

フィユティーヌ…大さじ1

38ページの練乳いちごアイスクリーム
　　…好きな量

バニラアイスクリーム…好きな量

ミント…少し

つくりやすい量のいちごソースの材料

◆ ┌ いちご…2こ
　　├ グラニューとう…小さじ1
　　└ レモン汁…小さじ$\frac{1}{2}$

※生クリームは、乳脂肪分35％のもの。
※練乳いちごアイスクリームがなければ、売っているいちごアイスクリームでもよい。
※フィユティーヌの説明は136ページ。なければコーンフレークでもよい。
※いちごは全部、ヘタを切りおとしておく。

つくり方

1 ★を合わせて、37ページのようにして八分立てに泡立てる。

2 ◆のいちごを、ボウルにのせたザルに入れる。スプーンでつぶしながらボウルにおとす。

3 2のボウルの中に◆のグラニューとうとレモン汁を加えて、混ぜ合わせる。

味や食感はもちろんだけど、パフェは盛りつけも大事だぞ。横から見ても、上から見ても、きれいに見えるようにね。

（パフェを組み立てる）

4 いちごはたて半分に切ったものの5切れと、薄切り6枚ぐらいを用意する。

5 グラスに、③のいちごソースを大さじ1入れる。

6 ①の生クリームを、星口金をつけたしぼり袋に入れて、中にぐるぐるとしぼる。

7 ④の薄切りのいちごを、グラスの内側にはりつける。フィユティーヌを入れる。

8 練乳いちごアイスクリームを、好きな量入れる。

9 バニラアイスクリームを、好きな量入れる。

10 その上に、また生クリームをぐるぐるとしぼる。

11 ④の半分に切ったいちごを、5切れならべる。

12 まん中に、丸ごとのいちごをのせて、ミントをかざる。

お菓子がふくらむわけ

こからは、フライパンやオーブンで焼くお菓子がたくさん登場するよ。たのしみにしてね。ところで、焼いたり蒸したり揚げたりすると、ぷくっとふくらむお菓子はたくさんあるね。マフィンやケーキのスポンジ生地、シュークリームのシューやパイ。そして蒸しパンやドーナツも。どうしてふくらむか、わかるかな？　じつはお菓子をふくらませるために、こんな力が使われているんだ。

① 空気の力

お菓子には、「混ぜる」という作業がとっても多い。たとえばスポンジ生地は、はじめにたまごとグラニューとうを合わせてたくさん混ぜて泡立ててから、薄力粉やとかしたバターを混ぜてつくる。泡立てるっていうことは、空気を入れるっていうことだから、こうやってつくった生地にはたくさんの空気のつぶが入っている。そして空気には、温めるとふくらむ性質がある。だから、オーブンの中で焼かれて温度があがると、生地の中の空気がふくらんで、それが生地をふくらませるんだ。

② 水の力

もう1つの大きな力が、水の力。生地には水を加えてつくるものもあるし、牛乳やたまごなんかの水分も入っているね。生地がオーブンで焼かれるときに、その水は水蒸気にかわる。水が水蒸気にかわるとき、体積は一気に1700倍にもなるんだって。そしてこの力も、生地をふくらませる役目をしている。たとえば、シュークリームのシューは、この力をじょうずに使っているよ。

水蒸気の力でふくらんで、焼くまえの生地の、4倍から5倍くらいの大きさになるんだ。

ぷくっ

③ ふくらませる材料の力

ふくらませるための材料を使って、お菓子をふくらませることもある。

よく使われるのが「重そう」や「ベーキングパウダー」だ。この本でも、どら焼きで重そうを使って、マフィンやドーナツなどで、ベーキングパウダーを使っている。ベーキングパウダーは、重そうを使いやすく改良したものだよ。生地の材料に加えて混ぜると、ベーキングパウダーはその中の水と反応して「炭酸ガス」を出す。炭酸ガスは、二酸化炭素のことだよ。そして、焼かれたりして熱が加わると、もっとたくさんの炭酸ガスが出る。これが生地をふくらませるんだ。

フライパンや
ホットプレートや
鍋でつくる

....

オーブンを使わなくてもつくれるお菓子だよ。
料理にも使う、いつもの道具があればだいじ
ょうぶ。おやつにぴったりなお菓子がいろい
ろあるよ。火にかけたフライパンや湯気、揚
げるときの油は熱いから、気をつけてね。

＊ここでは、ベリーソースと◆をそえて盛りつけた。

2人分の材料

たまご…2こ
甘くないヨーグルト…10g
★ 薄力粉…30g
ベーキングパウダー…2g
グラニューとう…30g
ホットプレートにぬる
サラダ油…少し

焼くときのお湯…少し
◆
生クリーム100gに、
グラニューとう大さじ$\frac{1}{2}$
を加えて七分立てに
したもの…好きな量
粉ざとう…少し
はちみつ…少し

つくりやすい量の
ベリーソースの材料
♥
冷凍ミックスベリー
…300g
グラニューとう…200g
レモン汁…15g

※小さめのパンケーキが6枚焼ける。
※ヨーグルトがなければ牛乳でもよい。
※生クリームの泡立て方は、37ページを見る。

スフレパンケーキ

ふわっふわのパンケーキだよ！
そえるソースやクリームを
全部準備してから、つくりはじめてね。

たまごの白身を、
しっかり泡立てるのが
ポイントよ。

つくり方 （はじめにやっておくこと）

材料をはかる。お湯も用意しておく。

♥を耐熱ボウルに入れてラップをかけ、電子レンジに1分10秒かける。

レモン汁を加えて混ぜる。ベリーソースのできあがり。うつわに入れておく。

たまごを黄身と白身に分けて別々のボウルに入れておく。カラザはとる。

（生地をつくる）

プリンカップなど
で混ぜると、粉が
おちやすい。

＊ホットプレートは、150℃に
セットしておく。

1
たまごの黄身を、泡立て器で混ぜてときほぐす。ヨーグルトを入れて混ぜる。

2
混ざったら、**1**の上に粉ふるいを用意する。そこに★を入れて、下のボウルにふるいおとす。

3
泡立て器で、粉が見えなくなるまで混ぜる。おいておく。

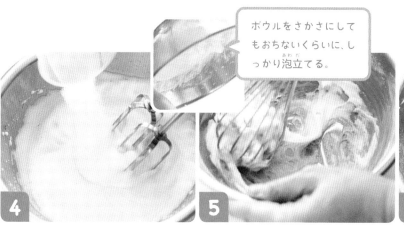

ボウルをさかさにして
もおちないくらいに、しっかり泡立てる。

ここは混ぜすぎ
ないでね。

4
たまごの白身は36ページのようにして、グラニューとうを3回に分けて加えながら泡立てる。

5
3のボウルに、**4**を泡立て器でひとすくい入れて、よくすり混ぜる。

6
のこりの**4**も全部入れる。ゴムベラで、下から15回ぐらいすくいあげるようにして混ぜる。

（焼く）

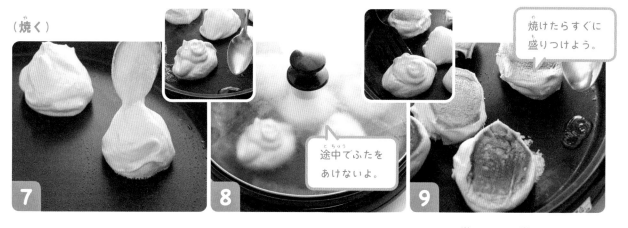

途中でふたを
あけないよ。

焼けたらすぐに
盛りつけよう。

7
150℃にしたホットプレートに薄くサラダ油をぬる。**6**の生地を、$\frac{1}{6}$ずつこんもり入れる。

8
まわりにスプーン2はいぐらいのお湯をたらす。すぐにふたをして、3分ぐらい焼く。

9
フライ返しでうら返し、お湯をまたスプーンで2はいたらし、ふたをして3分ぐらい焼く。

クレープを焼こう

　クレープの生地は、つくってからひと晩おいたほうがいいから、まえの日につくっておこう。生地は、水分の温度をだいたいそろえてしっかり混ぜ合わせてつくると、もちもちしたクレープになる。焼いたクレープは、できるだけかさならないようにひろげておくといい。生クリームや好きなフルーツをつつんだり、アイスクリームやチョコレートソースをかけてもおいしいけれど、この本では、ちょっとおしゃれなデザートを紹介しているよ。54ページと56ページを見てね。

つくり方

（クレープ生地をつくる）

1 フライパンに50℃のお湯を入れ、ボウルに入れたバターをつけてとかす。

2 牛乳は鍋に入れ、中火にかけて、40℃くらいに温める。

3 ボウルに★を入れて、混ぜ合わせる。**2**の牛乳を$\frac{1}{4}$ぐらい入れて、全体にひろげる。

4 牛乳が全体にひろがったら、泡立て器を早くうごかして混ぜ合わせる。

5 のこりの牛乳の$\frac{1}{3}$くらいを入れて、また混ぜ合わせる。

6 50℃くらいに温まった**1**のとかしバターを入れて、また混ぜる。

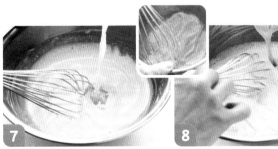

7 のこりの牛乳を全部入れて、また混ぜる。

8 たまごを泡立て器でよくときほぐし、**7**に入れながら混ぜ合わせる。

9 別のボウルの上に、こし器を用意する。そこに**8**を流し、下のボウルに入れる。

12枚分ぐらいの材料

★┌ 薄力粉…75g
 └ グラニューとう…40g

たまご…85g
牛乳…250g
無塩バター…25g
焼くときのサラダ油…少し

(クレープを焼く)

やぶけやすいから、
あまり薄くしすぎ
ないようにね!

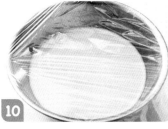

10 生地のできあがり。ラップをかけて、冷蔵庫にひと晩入れておく。

11 フライパンに薄くサラダ油をひいて、中火で温める。10を、お玉で1ぱい分ぐらい入れて、

12 すぐに、フライパンをかたむけながらまわして、生地をフライパン全体にひろげて焼く。

13 まわりがかわいてきたら、またフライパンをまわして、かわいた部分に生地をひろげる。

14 またまわりがかわいて、空気のつぶができてくる。

15 まわりが茶色くなってきたら、はじをスプーンなどではがしてから、もちあげて、

フライパンをぬ
れタオルにのせ
て少しさまして
から、つぎを焼
くといい。

16 一気にうら返す。

17 うらを10秒ぐらい焼いたら、

18 バットの上でフライパンをうら返して、クレープをとり出す。のこりの生地も焼く。

クレープシュゼット

キャラメルオレンジ味のソースを、
焼いたクレープに合わせてつくるデザートだよ。
ナイフで切り分けて食べてね。

グラニューとうをフライパンに
入れて火にかけたら、混ぜないで、
茶色くなってくるのをじっとまとう。
混ぜると白くかたまっちゃうよ。

1皿分の材料

52ページの焼いた
　　クレープ…3枚

グラニューとう…80g

無塩バター…45g

オレンジジュース
　　…200g

オレンジ…好きな量

※オレンジジュースは、
　果汁100%のもの。

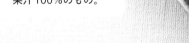

つくり方 （はじめにやっておくこと）

材料をはかる。

クレープは、4つにおり
たたんでおく。

オレンジは皮を切りおと
し、実の部分を切っては
ずす。

オレンジの実。これを全
部半分に切っておく。

（キャラメルオレンジソースをつくる）

混ぜないでね。

フライパンに、グラニューとうの$\frac{1}{3}$を入れて、中火にかける。

グラニューとうがとけて、茶色くなってきた部分に、のこりのグラニューとうを入れていく。

フライパンをかたむけながら、中の液体をまわし、全体がキャラメル色になったら火をとめる。

バターを入れて、またフライパンをかたむけてまわしながらとかす。

バターがだいたいとけたら、中火にかけて、オレンジジュースを$\frac{1}{4}$ぐらい入れる。

ヘラで混ぜながら、キャラメル色の液体とジュースを、なじませる。

のこりのオレンジジュースを、3回くらいに分けて入れながら混ぜる。

（クレープを入れて煮る）

クレープを入れる。まわりのソースをスプーンでときどきかけながら、2分ぐらい煮る。

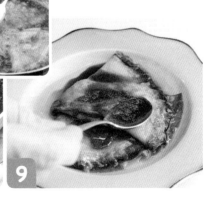

うつわにクレープを盛りつけ、フライパンの中のソースをかける。オレンジをちらす。

ミルクレープ

クレープをがんばって10枚焼いたら、
ぜひつくってみて！
切ったときの断面を見たら、苦労もふきとぶぞ。
生クリームのかわりに、
98ページのカスタードクリームを
使ってつくってもおいしいよ。

生クリームは、少しかための
八分立てくらいに泡立てて、
ボウルを氷水につけて、
冷やしておくといいよ。

つくり方 （はじめにやっておくこと）

氷水を入れたボウルに、
つけたままにしておく。

焼いたクレープは、ひろ
げてさましておく。

★をボウルに入れ、37ペ
ージのようにして八分立
てにする。

1台分の材料

52ページの焼いた
　　クレープ…10枚

★┌ 生クリーム…400g
　└ グラニューとう…32g

粉ざとう…好きな量

※生クリームは、乳脂肪分
　35%のもの。

（ミルクレープを組み立てる）

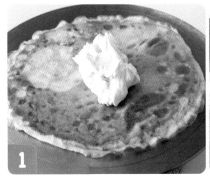

1

回転台やたいらな大きい皿などの上に、クレープを1枚のせ、★をこれくらいのせる。

2

スパテラや、大きいスプーンの丸いところを使って、全体にぬりひろげる。

3

ぬりひろげたところ。

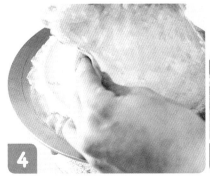

4

3にクレープを1枚かさねる。上にまた同じように生クリームをぬる。

5

クレープと生クリームを、同じようにして、どんどんかさねていく。

冷やすと、切りやすくなるんだ。

6

10枚めのクレープをのせたら、ラップをかけて、冷蔵庫に1時間ぐらい入れておく。

（切る）

こうやって温めながら切ると、きれいに切れるよ。

7

粉ざとうを、茶こしに入れてふりかける。

8

切るまえに、包丁の刃をぬるま湯で温めて、水気をふきとる。

9

包丁の刃先をまん中ぐらいに入れて、下におろしながら手まえに引いて切る。

さつまいもの蒸しパン

さつまいもの自然な甘みをいかした、
やさしい味。のこった蒸しパンは、
ラップでつつんで冷凍しておくといいよ。

蒸すときは、蒸し器に
ペーパータオルやふきんを
かけて、蒸しパンに
水滴がおちないようにしてね。

8こ分の材料

たまご…1こ

グラニューとう…45g

牛乳…50g

薄力粉…100g

★ ベーキングパウダー
…6g（←大さじ $\frac{1}{2}$）

なたね油または米油
…12g

さつまいも…100g

黒ごま…少し

※ケースは、底の直径が48
mmの紙ケースを使った。

バリエーション

さつまいものかわりに、
皮をむいたかぼちゃを使った、

かぼちゃの蒸しパン

つくり方　はじめにやっておくこと

色がかわらないよ
うにするためだよ。

材料をはかる。★は合わ
せておく。

紙ケースは、大きさが同
じ金属の型やココットな
どに入れておく。

さつまいもは洗って皮つ
きのまま、たて横1cmぐ
らいの四角に切る。

水につけて10分ぐらいお
く。水をきり、ペーパー
タオルで水気をとる。

*ここでは16こ分の材料でつくっている。

（生地をつくる）　　　　　　　　　　　　　　　　　　　　　　＊蒸し器のお湯をわかしておく。

1
ボウルにたまごを入れて、泡立て器でほぐす。グラニューとうを入れて、すぐにすり混ぜる。

2
しっかり混ざったら、牛乳を入れて、また混ぜる。牛乳が全体に混ざればいい。

3
2の上にザルを用意して、そこに★を入れる。ザルをこまかくうごかして、$\frac{1}{3}$をふるいおとす。

油が全体に混ざればいい。

4
ゴムベラで混ぜる。白い粉が見えなくなったら、ザルの中の★をまた半分ふるって入れる。

5
また混ぜる。かたまりがあったら泡立て器で混ぜる。

6
のこりの★を全部ふるって入れ、粉が見えなくなるまで混ぜる。なたね油も加えて混ぜる。

（蒸す）

さつまいもは、皮のむきをそろえないようにのせると見た目がいい。

7
6の生地を、スプーンなどで、紙ケースに、八分めぐらいまで入れる。

8
さつまいもをのせて、生地に軽くおしつける。黒ごまをふる。蒸し器の内鍋にならべる。

9
わいた蒸し器の下鍋に8をのせペーパータオルをかけ、ふたをする。中火で8分から10分蒸す。

59

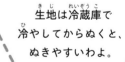

**直径7cmのドーナツ
約10こ分の材料**

たまご…1こ

きびざとう…50g

牛乳…30g

無塩バター…20g

レモン汁…4g

┌ 薄力粉…100g
★ 強力粉…50g
└ ベーキングパウダー…6g

サラダ油…ドーナツが
　　　　揚げられる量

※型は、直径7cmと直径3cm
のぬき型を使った。なけれ
ばコップやペットボトルの
ふたを使ってもよい。

ドーナツ

そのままでもおいしいけれど、
グラニューとうをまぶしたり、
ハニーグレーズやチョコレートで
デコレーションしてもいい。

アイデア

片側に66ページのハニーグレーズをつけ、
ホワイトチョコレートチップをはりつけ
て、レモンの皮をすりおろしてかける。

ほかにもいろいろなデコレーションができるよ。
63ページを見てね。

つくり方 （はじめにやっておくこと）

生地は冷蔵庫で
冷やしてからぬくと、
ぬきやすいわよ。

材料をはかる。

バターはたて横1cmの四
角に切り、電子レンジに
25秒かけてとかす。

たて横10cmの四角に切
ったクッキングシートを、
10枚用意する。

（生地をつくる）

1 ボウルにたまごときびざとうを入れて、泡立て器でよくすり混ぜる。

2 しっかり混ざったら、牛乳を入れる。

3 牛乳が全体に混ざるように、よく混ぜる。

4 レモン汁を入れて、全体に混ざるように、よく混ぜる。とかしたバターを入れる。

5 バターが全体に混ざるように、よく混ぜる。

ザルをもっていない手に、軽くザルをあてながらふるうといい。

6 5のボウルの上にザルを用意して★を入れる。ザルをこまかくうごかして粉をふるいおとす。

7 ゴムベラで、切るようにさっくりと混ぜ合わせる。

8 あまり混ぜすぎないようにして、粉が見えなくなったら、ひとまとめにする。

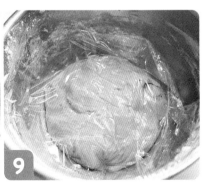

9 ラップでつつんで、冷蔵庫に1時間くらい入れておく。

つぎのページにつづく ≫ 61

（型でぬく）

❾のラップをひらいて、ラップの上に生地をのせる。上にもラップをかぶせる。

めん棒をころがしながら、1cm厚さくらいにのばしていく。

のばした生地。やわらかくなっていたら、このまままた冷蔵庫に少し入れて冷やす。

> 最後にのこった切れはしや、まん中の丸いところは、そのまま揚げていいよ。

 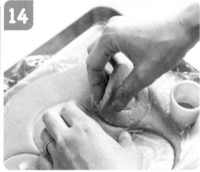

上のラップをとり、大きいぬき型でぬく。まん中を小さいぬき型でぬく。

ぬいた生地をはがして、四角く切っておいたクッキングシートに1こずつのせる。

のこった生地の切れはしは、まとめて、また❿から⓮と同じように、のばして型でぬく。

> グラニューとうやハニーグレーズをつけるときは、温かいうちに。

（揚げる）＊ペーパータオルをバットにしいておく。

> かさならないように、2こか3こ入れていい。

フライパンにサラダ油を入れて中火にかけ、160℃にする。生地を紙ごとしずかに入れる。

3分ほどして下側が茶色くなったらあみでうら返し、紙をとり出す。また1分ほど揚げる。

あみでとり出してペーパータオルにのせて、油をきる。

ドーナツをデコレーションしてみよう

できたドーナツを、チョコレートや
いろいろな材料を使ってたのしくかざってみよう。

デコレーション①

チョコレートを132ページのようにしてお湯で温めてとかし、片側につける。

チョコレートスプレーをかける。

デコレーション②

①と同じようにとかしたチョコレートを、片面につける。

フリーズドライのフランボワーズフレークと、みじん切りのピスタチオをちらす。

デコレーション③

ホワイトチョコレートチップのうら側に、チョコペンでチョコを少ししぼる。

ドーナツに、2つくっつける。チョコペンで黒目をかく。

デコレーション④

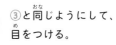

①と同じようにとかしたチョコレートをつけて、ココナッツファインをかける。

③と同じようにして、目をつける。

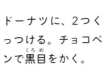

チョコペンはかたいとしぼりにくいから、お湯などにつけて温めて、やわらかくしてから使うといいよ。

生地に豆腐を
入れることで、さめても
かたくなりにくくなるわよ。
白玉粉はちょっと
混ざりにくいけど、
しっかり混ぜてね。

もっちりドーナツ

生地にあまり甘みがないから、
外側を甘くしてもバランスがいい。
もちもちした食感がおいしくて、
どんどん食べちゃうよ。

約6こ分の材料

白玉粉…100g

きぬごし豆腐…100g

甘くないヨーグルト…100g

グラニューとう…20g

★ ┌ 薄力粉…80g
   └ ベーキングパウダー…3g

サラダ油
　…ドーナツが揚げられる量

ココナッツファイン
　…あれば好きな量

つくりやすい量の
ハニーグレーズの材料

┌ 粉ざとう…50g
◆ はちみつ…7g
└ 牛乳…小さじ2

レモン汁…好きなら少し

※タピオカ粉があれば、白玉粉のかわりに使うとよい。
※ハニーグレーズのかわりにグラニューとうをまぶしてもよい。

つくり方 （はじめにやっておくこと）

材料をはかる。

白玉粉のつぶが大きけれ
ば、ビニール袋に入れて、
めん棒でつぶしておく。

たて横10cmの四角に切
ったクッキングシートを、
10枚用意する。

（生地をつくる）

1
ボウルにきぬごし豆腐を入れて、ゴムベラですりつぶすようにして混ぜて、なめらかにする。

2
ヨーグルトを入れて、全体に混ざるように混ぜる。

3
白玉粉を入れ、できるだけなめらかになるまで混ぜる。グラニューとうも入れ全体に混ぜる。

生地がかたすぎるときは、牛乳を少し加えてもいい。

4
3の上にザルを用意して★を入れる。ザルをこまかくうごかして、半分をふるいおとす。

5
ゴムベラで混ぜる。混ざったらザルののこりの★を全部ふるいおとして、よく混ぜる。

6
生地を手でにぎるようにして、ねっていく。耳たぶぐらいのかたさになればよい。

（リング形にして揚げる） *バットにペーパータオルをしいておく。

かさならないように、2こか3こ入れていい。

7
6の生地を6等分にして、それぞれを、8等分にする。1つずつてのひらで丸める。

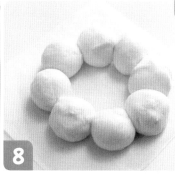

8
四角く切っておいたクッキングシートの上に、7を8こずつくっつけながら、丸くならべる。

9
フライパンにサラダ油を入れて中火にかけ、160℃にする。8を紙ごとしずかに入れる。

つぎのページにつづく ≫

10 3分ほどして下側が茶色くなっ
たらあみでうら返し、紙をとり
出す。また1分ほど揚げる。

11 あみでとり出してペーパータオ
ルにのせて、油をきる。

12 ボウルに◆のはちみつ全部と牛
乳の 2/3 ぐらいを入れて、泡立て
器で混ぜ合わせる。

13 ◆の粉ざとうは、かたまりがあ
ればふるってから、**12**に少しず
つ入れて、よくすり混ぜる。

レモン味にしたいときは、こ
こで入れる牛乳を少しへら
してレモン汁を入れる。

14 のこりの牛乳を少しずつ入れな
がら混ぜて、かたさを調整する。

15 なめらかになって、リボンのよ
うにおちるようになればよい。

16 ドーナツをもって、片面だけ**15**
につける。つけたほうを上にし
てあみにのせ、かわかす。

17 **16**がかわくまえに、ココナッツ
ファインをふりかけてもよい。

バリエーション

ハニーグレーズをつけるかわ
りに、ドーナツが温かいうち
にグラニューとうをまぶす。

オーブンでつくる

··········

　いよいよオーブンの登場だ。プリンやクッキー、ケーキなど、お菓子屋さんでよく見るお菓子がたくさん出てくるよ。プレゼントや特別な日につくりたいお菓子もある。オーブンはそれぞれちょっとずつちがうから、お家のオーブンに合わせて焼き時間は調整してね。

プリン

きびざとうを使（つか）えば、
カラメルをつくらなくても、
コクのあるプリンができるよ。

5こ分（ぶん）の材料（ざいりょう）

牛乳（ぎゅうにゅう）…200g

たまご…90g

たまごの黄身（きみ）…20g

きびざとう…65g

バニラエッセンス…5滴（てき）

┌ 生（なま）クリーム…100g
★
└ グラニューとう…小（こ）さじ2

※生（なま）クリームは、乳脂肪分（にゅうしぼうぶん）35%
のもの。

まわりにお湯（ゆ）を入（い）れて
焼（や）く方法（ほうほう）を、
「湯（ゆ）せん焼（や）き」というよ。
水蒸気（すいじょうき）でやさしく
熱（ねつ）を加（くわ）えるんだ。

つくり方（かた） （はじめにやっておくこと）

材料（ざいりょう）をはかる。たまごは
常温（じょうおん）にもどしておく。
▶「常温（じょうおん）」の説明（せつめい）は11ページ。

鍋（なべ）に牛乳（ぎゅうにゅう）を入（い）れて中火（ちゅうび）に
かけ、75℃に温（あたた）めておく。

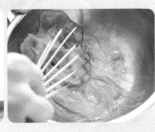

たまごとたまごの黄身（きみ）を
ボウルに合（あ）わせて、泡立（あわだ）
て器（き）でよく混（ま）ぜてほぐす。

（プリン液をつくる） ＊オーブンは、焼きはじめられそうな時間に
合わせて、150℃に予熱しておく。

1

ほぐしたたまごに、きびざとうを入れて、

2

泡立て器でよく混ぜ合わせる。バニラエッセンスも入れて、混ぜ合わせる。

3

75℃に温めた牛乳を、少しずつ入れながら、混ぜ合わせる。

黄身についていたカラザなどを、とりのぞくためだよ。

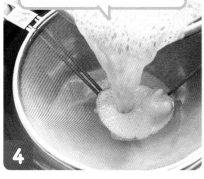

4

別のボウルの上に、こし器を用意し、そこに**3**を流して下のボウルに入れる。

5

プリン液のできあがり。

（湯せん焼きする）

表面の泡は、食品用アルコールスプレーをふきかけると消せるよ。

6

5を5このうつわに入れる。深いバットにペーパータオルをしき、その上にならべる。

7

6のバットの中に、70℃くらいのお湯を、うつわの$\frac{1}{3}$くらいの高さまで入れる。

やけどしないように気をつけて！

8

上にもバットをかぶせて150℃のオーブンに入れ、15分焼く。少しさまして冷蔵庫に入れる。

泡立て方は、37ページを見てね。

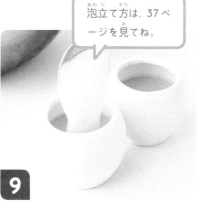

9

★を合わせて六分立てくらいに泡立てる。冷えたプリンの上に、大さじ1ずつのせる。

マロンケーキ

大きな栗が入った、
プリンみたいなケーキだよ。
冷やして食べてね。
型のまま冷凍して保存もできる。

のこったフラン液は、
72ページのクラフティや、
フレンチトーストに
使うといいわよ。

11.5cm×6.5cm高さ5cmの アルミパウンド型2台分の材料

8枚切りの食パン
　…1と$\frac{1}{2}$枚（←60gぐらい）

カステラ…40g

びん詰の栗の甘露煮
　…約80g

黒豆の甘納豆…15つぶくらい

レーズン…15つぶくらい

型にぬる無塩バター…少し

つくりやすい量の
フラン液の材料

　たまご…3こ（←約180g）

　グラニューとう…100g

　生クリーム…200g

　牛乳…200g

※つくったフラン液のうち、約280gを使う。

※パンはフランスパンなどでもよい。

※黒豆とレーズンはどちらかだけでもよい。またほかの甘納豆でもよい。

つくり方　（はじめにやっておくこと）

フラン液の材料をはかる。

フラン液以外の材料も用
意しておく。

型の内側にバターをぬる。

底がくっつきやすいので
底の大きさに切ったクッ
キングシートをしく。

（フラン液をつくる）

1 たまごをボウルに入れ、泡立て器でときほぐす。グラニューとうを加えて、よくすり混ぜる。

2 混ざったら、生クリームを入れてまた混ぜる。つぎに牛乳を入れて、また混ぜる。

3 別のボウルの上にこし器を用意し、**2**を流して下のボウルに入れる。フラン液のできあがり。

（マロンケーキをつくる）

＊オーブンは、焼きはじめられそうな時間に合わせて、180℃に予熱しておく。

> ここでフラン液をしっかりしみこませるよ。

4 食パンを、たて横1.5cmくらいの四角に切る。カステラも、食パンと同じくらいに切る。

5 ボウルに**3**を280g入れる。**4**を入れて、スプーンで軽く混ぜる。15分おいておく。

6 2つの型に、**5**を2cm高さくらいに入れる。

> 食パンの耳の部分を上に出すようにすると、焼いたときにおいしそうに見える。

> 冷やすときは、ラップでつつんでね。

7 まん中に、栗の甘露煮を1れつにならべる。栗の両側に、黒豆の甘納豆かレーズンをならべる。

8 **5**を型いっぱいに入れる。天板にのせた深バットにのせて、お湯を型の半分の高さまで入れる。

9 180℃のオーブンで、35分から40分湯せん焼きする。お湯から出してさまし、冷蔵庫で冷やす。

71ページのフラン液…240g
薄力粉…40g
缶詰のダークチェリー…30こ
アーモンドスライス…大さじ2
粉ざとう…好きな量

クラフティ

たまごたっぷりの生地と、
フルーツの組み合わせがおいしい。
フルーツは、缶詰のももや
洋なしなどでもおいしくつくれるよ。

71ページでつくった
フラン液を使ってね。
うつわは、オーブンで
使えるものなら
なんでもだいじょうぶ。

つくり方

（はじめにやっておくこと）

材料をはかる。

（クラフティ生地をつくる）　＊オーブンは、焼きはじめられそうな時間に合わせて、180℃に予熱しておく。

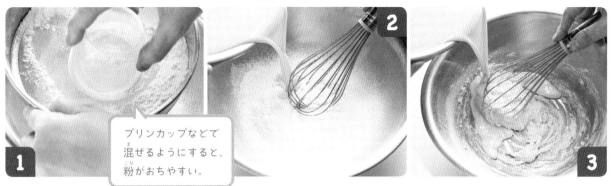

プリンカップなどで混ぜるようにすると、粉がおちやすい。

1 ボウルの上に、粉ふるいを用意する。そこに薄力粉を入れて、下のボウルにふるいおとす。

2 ■にフラン液の 1/3 を入れる。フラン液が全体にひろがるように、泡立て器で混ぜ合わせる。

3 のこりのフラン液の半分を入れて、また混ぜ合わせる。

下におちにくいときは、ゴムベラですりつぶすようにするといい。

（グラタン皿に入れて焼く）

4 全体に混ざったら、のこりのフラン液を全部入れて、また混ぜ合わせる。

5 別のボウルの上にこし器を用意して、そこに■を流して下のボウルに入れる。

6 ■をしずかにかき混ぜて、下にたまった粉を全体にひろげてから、2つのグラタン皿に入れる。

7 ダークチェリーをならべる。

8 アーモンドスライスをちらす。

9 180℃のオーブンで、20分焼く。焼きあがったら、粉ざとうを茶こしに入れてふりかける。

生クリームがなければ、
りんごをならべてから
グラニューとうをかけるまえに、
ちぎったバターをちらすと
いいわよ。

1台分の材料

冷凍パイシート…1枚

りんご…1こ(←約250g)

グラニューとう…50g

生クリーム…50gぐらい

ふちにぬるたまご…好きな量

※冷凍パイシートは、20cm×20
　cmのもの。

※りんごは「紅玉」など、でき
　るだけ皮の赤いものがいい。

アップルパイ

りんごに生クリームをまぶして、
パイシートにならべて
焼くだけだから、とっても簡単!
好きな大きさに切って食べてね。

アイデア

売っているキャラメルソースで、お皿に丸いせん
を3しゅうかく。食べやすい大きさに切ったアッ
プルパイを盛りつけて、バニラアイスクリームを
のせる。みじん切りのピスタチオをちらす。

つくり方（はじめにやっておくこと）

材料をはかる。りんごは
よく洗っておく。たまご
はといておく。

パイシートは、冷凍庫か
ら出して10分おいて解
凍する。

りんごはたて4等分のく
し形に切り、しんを切り
とる。

たてに2mm厚さくらいの
薄切りにする。スライサ
ーで切ってもいい。

（パイシートにりんごをならべる）　*オーブンは、焼きはじめられそうな時間に合わせて、200℃に予熱しておく。

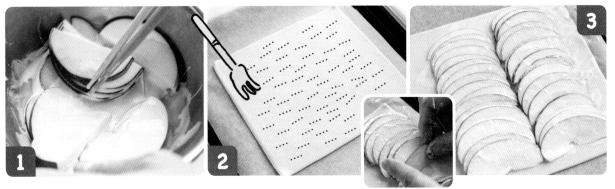

1
ボウルに生クリームを入れる。りんごを入れて、全体に生クリームをまぶしつける。

2
天板にクッキングシートをしいてパイシートをのせる。フォークでさして全体に穴をあける。

3
まわりを1.5cmずつのこして、**1**のりんごを少しずつかさねながら2れつにならべる。

4
まわりのパイシートを、おりたたむ。

5
全部おりたたんだところ。

6
りんご全体に、グラニューとうをかける。

（焼く）

7
といたたまごをはけにつけて、ふちにぬる。

8
フォークを、といたたまごにときどきつけながら、ふちにおしあてて、せんをつけていく。

9
200℃のオーブンに入れて、15分から20分焼く。表もうらも、こんがり焼けていればよい。

*プレーンなマフィンとブルーベリーマフィンをいっしょに盛りつけた。

生地をつくるとき、
たまごは3回に分けて
入れてね。
そして、粉を加えたら
ねらないように。

マフィン

このまま食べても、
好きなクリームやジャムをつけても
おいしいプレーンなマフィン。
ブルーベリーを入れるだけで、
ブルーベリーマフィンにもなるよ。

プレーンマフィン 12こ分の材料

無塩バター…100g

きびざとう…100g

たまご…2こ

牛乳…100g

[薄力粉…180g

★ アーモンドパウダー…30g

[ベーキングパウダー…5g

※アーモンドパウダーがなければ、その分を薄力粉にしてもよい。

※型は、小さめのマフィンカップを使った。

つくり方 （はじめにやっておくこと）

材料をはかる。バターは
角切りにする。バターも
たまごも常温にもどす。
▶「常温」の説明は11ページ。

たまごは泡立て器でといておく。

バリエーション

ブルーベリーマフィン

プレーンマフィンの材料で、77ページの❶から❼まで同じようにつくる。そして❼の最後に、冷凍のブルーベリー150gを入れてさっくり混ぜ、プレーンマフィンと同じように焼く。

*ここでは6こ分の材料でつくっている。

（生地をつくる）　*オーブンは、焼きはじめられそうな時間に合わせて、160℃に予熱しておく。

ボウルにバターときびざとうを入れて、ハンドミキサーの高速で30秒ぐらい混ぜる。

といたたまごを$\frac{1}{3}$ぐらい加える。ハンドミキサーで、たまごが見えなくなるまでまた混ぜる。

のこりのたまごも、2回に分けて入れて、そのたびに、また同じように混ぜる。

ここではちょっとポロポロになっていてもだいじょうぶ。

混ざったら、牛乳の半分を入れて、ハンドミキサーで混ぜる。

混ざったら、のこりの牛乳を全部入れてまた混ぜる。

5のボウルの上にザルを用意して、そこに★を入れる。ザルをうごかして半分をふるい入れる。

下からすくいあげるようにして混ぜるよ。ねらないようにね。

（焼く）

焼けたらあみの上にのせてさます。

ゴムベラでさっくり混ぜる。だいたい混ざったら、のこりの★も全部ふるい入れ、また混ぜる。

天板に型をならべ、**7**の生地をスプーンで入れる。天板にトントンとあて、中の空気をぬく。

160℃のオーブンで15分焼く。天板の奥と手まえを入れかえて、もう5分焼く。

デコレーションはつぎのページ ≫

マフィンをデコレーションしてみよう

ク リームなどでかざれば、プレゼントに
もいい。冷蔵庫で1週間くらいもつよ。
ここでは2色のデコレーション用クリームの
つくり方と、それを使ったデコレーションの

アイデアを紹介するね。クリームは、どちら
か1色にしてもOK。マフィンは76ページの
プレーンでもブルーベリーでもいいよ。きち
んとさめてからデコレーションしてね。

つくりやすい量のクリームの材料

無塩バター…100g

クリームチーズ…50g

粉ざとう…120g

牛乳…必要なら少し

赤の食用色素…少し

※バターとクリームチーズは
　常温にもどしておく。
▶「常温」の説明は11ページ。

\ できあがり！ /

デコレーションの
コツ

・温かいとクリームがやわ
　らかくなるので、できる
　だけすずしい場所でクリ
　ームをしぼる。

・クリームがやわらかくな
　ってきたら、しぼり袋を
　冷蔵庫に入れたり、氷水
　につけたりして冷やすと、
　しぼりやすくなる。

つくり方　（白いクリームをつくる）

1 バターとクリームチーズをボ
ウルに入れて、泡立て器です
り混ぜる。

2 1のボウルの上に、ザルを用
意して、そこに粉ざとうを入
れる。半分をふるいおとす。

（半分をピンクのクリームにする）

かたければ、牛乳
をほんの少し入れ
てもいい。

3 泡立て器でよくすり混ぜる。
のこりの粉ざとうを全部ふる
い入れて、またよく混ぜる。

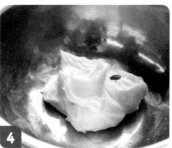

4 3のクリームから半分をとっ
て別のボウルに入れる。そこ
に赤の食用色素を1滴入れる。

5 泡立て器で混ぜる。

とうめいなプラスチ
ックカップに入れて
ラッピング。

深めのタッパーなどに入れて、
冷蔵庫で冷やしかためてから
ラッピングしてね。もちはこ
ぶときも20℃以下がいいよ。

（2色のクリームをしぼり袋にセットする）

6 しぼり袋に、星口金をつけて
おく。

7 ビニール袋を2枚用意する。2
枚とも、下の片方の角を細く
おりたたんでテープでとめる。

8 **7**をそれぞれコップなどに入
れて、中をひらく。1つには
3の白いクリームを入れる。

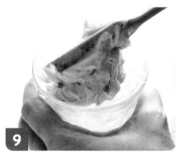

9 もう1つには、**5**のピンクの
クリームを入れる。

10 **8**と**9**のビニール袋の先をハ
サミで切り、2つをそろえて
もつ。

11 **6**のしぼり袋の中、に**10**を入
れる。しぼり袋の上をねじっ
ておく。

（マフィンにしぼる①）*マフィンはカップからとり出しておく。

1 マフィンの上に、まん中
から外側にむかってうず
をかくようにしてしぼる。

2 上にカラーチョコレート
スプレーや、アラザンな
どをふりかける。

（マフィンにしぼる②）

1 マフィンの上に、たて長
に7こしぼる。

バナナケーキ

バナナのやさしい甘みが
おいしいケーキだよ。
みんなが失敗しづらいつくり方を
考えたから、つくってみてね。

バナナは、熟して
皮に茶色いはん点が
出てきたくらいのものを
使うといい。

5㎝×17㎝ 高さ6㎝の 型1本分の材料

皮をむいたバナナ…90g

グラニューとう…75g

たまご…65g

★ 薄力粉…50g
　アーモンドパウダー…15g
　ベーキングパウダー…3g

◆ 無塩バター…10g
　生クリーム…20g

型にぬるバター…少し

※生クリームは、乳脂肪分35%
のもの。

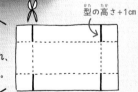

クッキングシートは、
はさみで切り込みを入れ、
点線のところでおるよ。

型の高さ＋1㎝

つくり方 （はじめにやっておくこと）

材料をはかる。バナナは
2㎝幅に切る。たまごは
泡立て器でといておく。

◆は、合わせて電子レン
ジに30秒かけてとかす。

★は合わせて、粉ふるい
でふるっておく。

型の中の、上半分にバタ
ーをぬり、切ったクッキ
ングシートをしく。

*ここでは2本分の材料でつくっている。

（生地をつくる） ＊オーブンは、焼きはじめられそうな時間に合わせて、170℃に予熱しておく。

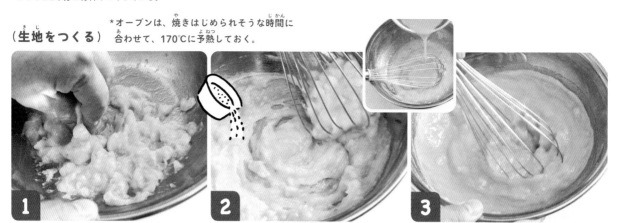

1 バナナをボウルに入れて、指でつぶす。

2 ❶にグラニューとうを入れて、泡立て器ですり混ぜる。

3 しっかり混ざったら、といたたまごを入れて混ぜる。

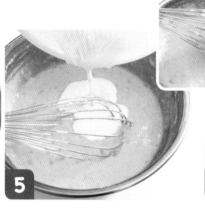

（焼く）

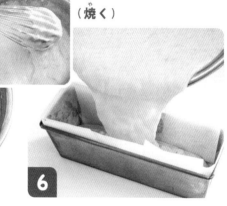

4 たまごが全体に混ざったら、★を全体にひろげて入れる。粉が見えなくなるまで混ぜる。

5 ◆を入れて混ぜる。混ざったら、生地のできあがり。

6 ❺の生地を、型に入れる。

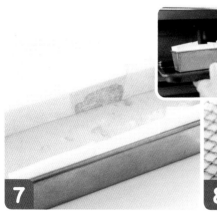

7 170℃のオーブンに入れて、30分焼く。型の奥と手まえを入れかえて、また20分焼く。

8 焼きあがり。

9 型からとり出して、あみの上でさましておく。さめたら好きな厚さに切って食べる。

　クリームチーズ…160g
★　グラニューとう…60g
　コーンスターチ…5g

たまご…60g
生クリーム…80g

※生クリームは、乳脂肪分
　35%のもの。
※型は、底がとれないもの
　を使う。

バスクチーズケーキ

表面の黒っぽい色が特徴のチーズケーキ。
そう、"バスチー"だね。
冷蔵庫でひと晩おくと、おいしくなるよ。

しっかり焼き色を
つけることがポイントだよ。
中はやわらかくて
だいじょうぶ。

つくり方（はじめにやっておくこと）

材料をはかる。たまごは
といておく。クリームチ
ーズは常温にもどす。
▶「常温」の説明は11ページ。

クッキングシートを、大
きめに切り、水でぬらし
てしっかりしぼる。

ひらいて、

型の中にしく。指でひろ
げて、すみのほうまで、き
ちんとしく。

全部いっぺんに入れると、かたまりができることがあるんだ。

★をボウルに入れ、泡立て器でよく混ぜる。

しっかり混ざったら、といたたまごを$\frac{1}{3}$入れる。

よく混ぜる。

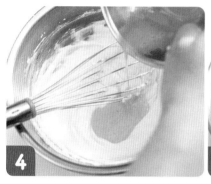  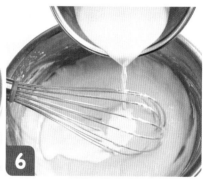

混ざったら、のこりのたまごを半分入れて、またよく混ぜる。

混ざったら、のこりのたまごを全部入れて、またよく混ぜる。

生クリームを入れる。

（焼く）

軽く混ぜ合わせて、型に入れる。

230℃のオーブンに入れる。15分たったら型をまわして奥と手まえを入れかえ、もう5分焼く。

焼きあがり。さわれるくらいにさめたら、型のまま冷蔵庫に入れてひと晩おいてから食べる。

直径8cmのドーナツ型 10こ分の材料

薄力粉…85g

★ アーモンドパウダー…60g

ベーキングパウダー…7g

グラニューとう…70g

たまご…140g

無塩バター…70g

牛乳…40g

◆ 水あめ…10g

はちみつ…30g

型にぬる無塩バター…少し

ブルーベリー…50こ

※ブルーベリーは、冷凍でも
よい。

焼きドーナツ

しっとりとしていて、
揚げてつくるドーナツとは、
またちがったおいしさだよ。

粉とたまごを合わせたら、
あまりねらないようにね。
そして、とかした◆は
3回に分けて加えるよ。

つくり方 （はじめにやっておくこと）

材料をはかる。たまごは
泡立て器でといて、常温
にもどしておく。
▶「常温」の説明は11ページ。

★は合わせて、粉ふるい
でふるっておく。

◆は合わせて、電子レン
ジに30秒かけてとかし、
40℃から45℃にする。

バターをはけにつけて、型
の中にぬっておく。

（生地をつくる）　*オーブンは、焼きはじめられそうな時間に合わせて、180℃に予熱しておく。

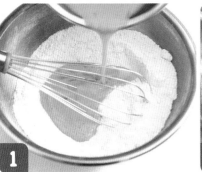

あまり混ぜすぎると、生地がかたくなるよ。

★とグラニューとうをボウルに入れて、泡立て器で混ぜる。混ざったら、たまごを入れる。

泡立て器で軽く混ぜ合わせる。少し粉がのこっているくらいでよい。

とかしておいた◆を $\frac{1}{3}$ 入れる。

まわりについた生地は、ゴムベラでとる。

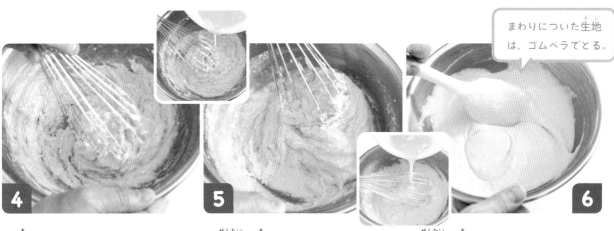

混ぜる。

全体に混ざったら、のこりの◆を半分入れて、また混ぜる。

全体に混ざったら、のこりの◆を全部入れて、よく混ぜる。生地のできあがり。

（焼く）

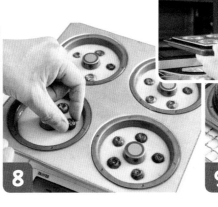

の生地を、大きなスプーンなどで型に入れる。

ブルーベリーを5こずつ入れる。180℃のオーブンで、15分焼く。

焼けたら、型の上にあみをのせてうら返して、ドーナツをとり出す。

シフォンケーキ

ふわふわに焼けたら大成功。
泡立てた生クリームやアイスクリームと
いっしょに食べてもおいしい。

┌ 薄力粉…140g
★│
└ ベーキングパウダー…1.8g

┌ たまごの黄身…80g
◆│
└ グラニューとう…80g

水…90mℓ

サラダ油…70g

┌ たまごの白身…175g
♥│ 塩…1g
└ グラニューとう…95g

※型は、紙のシフォン
　型を使った。
※水は冷たすぎないも
　のを使う。

たまごの白身を泡立てるとき、
グラニューとうは、
3回から5回くらいに
分けて入れないと、
しっかり泡立たないよ。

つくり方 （はじめにやっておくこと）

たまごの白身は、
使うまで冷蔵庫
に入れておく。

材料をはかる。

★は、合わせて粉ふるい
でふるっておく。

（たまごの白身以外の材料を混ぜる）　　＊オーブンは、焼きはじめられそうな時間に合わせて、185℃に予熱しておく。

1 大きめのボウルに、◆を入れて、泡立て器でよくすり混ぜる。

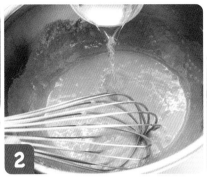

2 しっかり混ざったら、水90㎖を入れて混ぜる。

3 サラダ油70gも入れて混ぜる。

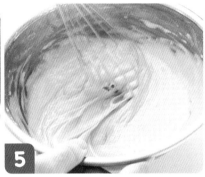

4 ふるっておいた★を、全体にひろげて入れる。

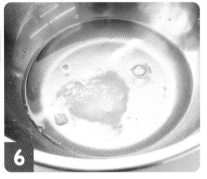

5 1分ぐらいしっかり混ぜる。おいておく。

（たまごの白身を泡立てる）

6 別の大きなボウルに♥のたまごの白身と塩、♥のグラニューとうのうちの小さじ1を入れる。

7 ハンドミキサーの高速で泡立て、泡がこまかくなったら♥のグラニューとうの$\frac{1}{5}$を入れる。

8 また30秒ぐらい泡立てる。

9 のこりの♥のグラニューとうの$\frac{1}{4}$を入れ、また30秒ぐらい泡立てる。

つぎのページにつづく ＞＞

ハンドミキサーをボウルの中でまわしながらね。

10

このあとも、のこりの♥のグラニューとうを3回に分けて加えながら、30秒ずつ泡立てる。

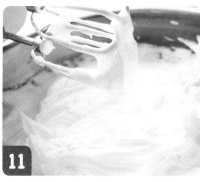

11

これくらいしっかり泡立てばい。これ以上は泡立てない。

（両方を合わせる）

12

11に5の半分を入れる。

13

ゴムベラで、下からすくいあげるようにしながらさっくり混ぜ合わせる。

14

だいたい混ざったら、のこりの5を全部入れる。

15

また下からすくうようにして、さっくり混ぜる。5が全体にひろがったら、混ぜるのをやめる。

（焼く）

生地をあまりかさねないで、すきまにおとしていく感じで。

16

シフォン型の中に、15の生地を、お玉ですくっておとしながら入れていく。

17

型をもって、5cmくらいの高さから下におとしてから、185℃のオーブンで、約35分焼く。

18

焼けたらあみの上でさます。さめたら型をはがして、好きな大きさに切って食べる。

生地はひと晩冷蔵庫に入れてから使うから、型でぬいて焼くのは、つぎの日だよ。

型ぬきクッキー

好きな型でぬいてつくるのがたのしいね。
プレーンクッキーもチョコクッキーも
つくり方は同じだから、好きなほうをつくってね。

つくり方 （はじめにやっておくこと）

* これはプレーンクッキーのつくり方。チョコクッキーは、チョコクッキーの材料で、プレーンクッキーと同じようにつくる。

材料をはかる。全部、使うときまで冷蔵庫に入れて冷やしておく。

つくりやすい量の材料

• プレーンクッキー
- 薄力粉…95g
- 粉ざとう…45g
★ アーモンドパウダー
  …80g
- 塩…1g
無塩バター…85g
たまご…15g

• チョコクッキー
- 薄力粉…80g
- 粉ざとう…45g
- アーモンドパウダー…80g
★ 甘くないココアパウダー
  …15g
- 塩…1g
無塩バター…85g
たまご…15g

※型は、ここではハート型、木の葉型、菊型を使った。
※たて横5cmのハート形のクッキーが、30枚ぐらいずつできる。
※このほかに、生地をのばすときに、薄力粉を少し使う。

つぎのページにつづく ≫

＊ここでは❶から❾までは2倍の量の材料でつくり、❿で生地を半分に切って使っている。

（生地をつくる）

冷蔵庫から出したての、冷たい材料でつくるのがポイントだよ。

1 プレーンクッキーの★をボウルに入れ、バターも入れる。

2 カードでバターを切るようにして、粉と混ぜていく。

3 だいたい全体に混ざったら、両手の指でもむようにして、バターをつぶしながら混ぜていく。

4 バターの大きなかたまりがなくなったら、といておいたたまごを入れる。

5 カードで切るようにして、全体に混ぜる。

6 たまごが全体に混ざったら、カードをおしつけるようにして、すりつぶしながら混ぜる。

この状態で冷凍もしておける。

7 全体が同じ状態になったら、ひとまとめにする。大きめに切ったラップにのせる。

8 手でおして、四角くのばす。

9 まわりのラップをかぶせてつつむ。冷蔵庫に入れて、8時間以上おく。

（型でぬく）

冷凍した生地を使うときは、まえの日に冷蔵庫にうつして解凍しておく。

＊オーブンは、焼きはじめられそうな時間に合わせて、150℃に予熱しておく。

10 台に薄く薄力粉をふり、**9**をラップから出してのせる。生地の上にも薄力粉を薄くつける。

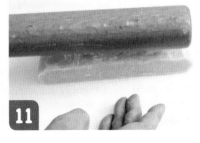

11 めん棒で全体を軽くたたきながら生地を少しやわらかくして、のばしやすくする。

12 めん棒で厚さ3mmぐらいにのばす。生地がベタベタしてきたら、薄力粉を少しふるといい。

13 のばした生地にもういちどラップをかけて、冷蔵庫に1時間ぐらい入れておく。

型の上から、てのひらでグッとおすよ。

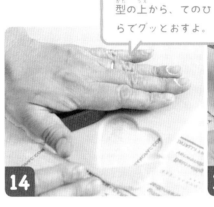

14 冷蔵庫からとり出して、たいらな台の上におく。好きな型で生地をぬく。

15 型の中の生地を、指でやさしくおしてとり出す。

（焼く）

16 のこった生地の切れはしは、ひとまとめにして、また**12**、**13**のようにしてから、型でぬく。

17 ぬきおわった生地を、クッキングシートをしいた天板に、ならべる。

18 150℃のオーブンで、20分焼く。

クッキーをデコレーションしてみよう

89ページの型ぬきクッキーをデコレーションして、
プレゼントにぴったりなクッキーをつくってみよう。

① チョコがけハートクッキー

チョコレートは、片側だけにつけるとつけやすい。
赤いフランボワーズがおしゃれだね。

材料

ハートの型ぬきチョコクッキー、
ハートの型ぬきプレーンクッキー、
ビターチョコレート、ルビーチョコレート、
フリーズドライのフランボワーズフレーク
　　…全部好きな量

※ビターチョコレートとルビーチョコレートは別々のボウルに入れ、137ページのように50℃のお湯につけてとかしておく。

ルビーチョコレート

フランボワーズフレーク

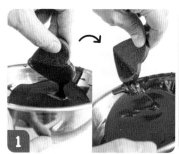

1

ビターチョコレートにチョコクッキーの片側をつける。ボウルのふちでチョコをきる。

2

ラップをしいたバットにおき、フランボワーズフレークをふりかける。かわくまでおく。

3

1と同じように、ルビーチョコレートにプレーンクッキーをつけ、**2**と同じようにする。

ルビーチョコレートは、ピンク色のちょっと甘ずっぱいチョコレート。お菓子材料店などで買えるよ。

② チョコサンドクッキー

とかしたチョコでくっつけるだけだから、
簡単だよ。

材料

好きな形の型ぬき

チョコクッキー、

ビターチョコレート

　…どちらも好きな量

※チョコレートは①と同じ
　ようにしてとかしておく。

1 半分の数のチョコクッキーを、
うら側を上にしておき、まん
中にチョコレートをのせる。

2 のこりのチョコクッキーを、う
ら側を下にしてのせてはさむ。
かたまるまでおく。

---

③ レモンのアイシングクッキー

アイシングで、さわやかなレモン味をプラス。
クッキーがまだ温かいうちにぬると、
アイシングがかわきやすいよ。

材料

好きな形の型ぬき

プレーンクッキー

　…好きな量

**つくりやすい量の
レモンアイシングの材料**

★ ┌ 粉ざとう…120g
　 └ レモン汁…20㎖

1 ボウルに★の粉ざとうを入れ
てレモン汁を加える。泡立て
器で混ぜる。

2 別のボウルに50℃から60℃
のお湯を入れて弱火にかける。
1のボウルをつけて泡立て器
で混ぜる。

3 35℃になりとろっとしたら、
アイシングのボウルをお湯か
ら出す。クッキーの片側には
けでぬる。かわくまでおく。

*メープルクッキーと96ページのチョコクッキーを、
いっしょに盛り合わせた。

同じ口金でも、いろいろな
しぼり方ができるよ。
自分だけの形を考えるのも
たのしいね。

しぼりクッキー

生地にたまごが入っていないから、
さっくりとして口どけがいいクッキーだ。
ここではメープルクッキーをつくるけど、
チョコクッキーも同じ方法でつくれる。
材料は96ページを見てね。

つくり方 （はじめにやっておくこと）

材料をはかる。バターと
生クリームは常温にもど
しておく。
▶「常温」の説明は11ページ。

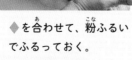

◆を合わせて、粉ふるい
でふるっておく。

メープルシュガー

つくりやすい量の材料

・メープルクッキー
[無塩バター…100g
★ メープルシュガー…50g
[塩…1g
生クリーム…70g
[薄力粉…160g
◆ アーモンドパウダー…20g

※メープルシュガーは、メープ
　ルシロップから水分をとりの
　ぞいてつくるさとう。
※生クリームは、乳脂肪分35%
　のもの。
※口金は、星口金の8切
　り#7を使った。
※いちばん小さいクッキーだけ
　つくると、約50こできる。

94

（**生地**をつくる）

1 ボウルに★を入れ、ゴムベラを
おしつけるようにして、すりつ
ぶしながら混ぜる。

2 しっかり混ざったら、生クリー
ムの $\frac{1}{4}$ ぐらいを入れる。

3 生クリームが全体に混ざるまで、
よく混ぜる。

4 水分が見えなくなったら、また
生クリームを $\frac{1}{3}$ くらい入れる。

5 また同じように、水分が見えな
くなるまで混ぜる。

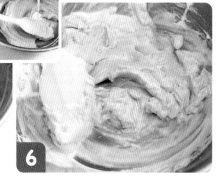

6 のこりの生クリームも、2回に
分けて入れながら、また同じよ
うに混ぜる。

7 生クリームがしっかり混ざって
見えなくなったら、◆を入れる。

8 ゴムベラで切るようにしながら、
さっくりと混ぜる。

9 粉が全体に混ざったら、生地の
できあがり。

つぎのページにつづく ▶▶

»

（**生地をしぼる**） ＊オーブンは、焼きはじめられそうな時間に合わせて、150℃に予熱しておく。

10

口金の先が$\frac{1}{3}$くらい出るように、しぼり袋の先を切る。口金を入れて、その上を少しねじる。

こうしておくと、生地を入れたときにもれないよ。

11

ねじった部分を、口金の中においこんで、せんをする。

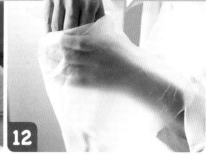

こうすると、奥まで入れやすくなる。

12

片手をコの字形にする。しぼり袋を外側に半分くらいおり返してそこにはめる。中をひらく。

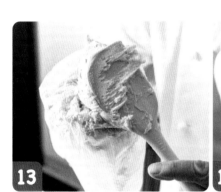

13

ゴムベラでしぼりやすい量の生地を入れ、しぼり袋のおり返した部分をもどす。

生地の上のところでねじっておくと、上から生地が出ない。

14

生地が入った上をねじって利き手の親指と人差し指の間にはさんでもつ。口金のせんをもどす。

（**焼く**）

15

97ページのようにして、天板に生地をしぼる。150℃のオーブンで、22分から23分焼く。

バリエーション

チョコクッキー

右の材料で、94ページから97ページまでの、メープルクッキーと同じつくり方でつくる。

つくりやすい量の材料

```
┌ 無塩バター…100g      薄力粉…130g
★ 粉ざとう…50g     ◆ アーモンドパウダー…20g
└ 塩…1g             甘くないココアパウダー
  生クリーム…70g          …30g
```

※生クリームは、乳脂肪分35％のもの。

しぼり方のコツ

- しぼり袋は両手でにぎらない。
- しぼり袋をもっていないほうの手は、指でしぼり袋の先のほうをささえる。
- 同じ力、同じスピードで、同じ高さからしぼる。

しぼり方 ①

1cmくらいの高さから、しぼる。

ちょうどいい大きさになったらしぼる力をぬく。しぼり袋をゆっくりもちあげる。

力をぬかないと、どんどん生地が出てくるぞ。

しぼり方 ②

1cmくらいの高さから少ししぼって、

そこを中心にして、小さい丸をかくように口金を小さくまわす。

しぼる力をぬいて、しぼり袋をななめ上にうごかして、生地をきる。

しぼり方 ③

1cmくらいの高さから、2cmくらいの幅でしぼり袋を左右にうごかしながらしぼる。4cmぐらいの長さになったら、しぼる力をぬいて、生地をきる。

少しちがう形になっちゃってもだいじょうぶ。

カスタードクリームをつくろう

シュークリームなどに使われるクリームで、フランス語では「クレーム・パティシエール」という。「パティシエのクリーム」といういう意味だ。お菓子屋さんにとって、大事なクリームなんだよ。56ページのミルクレープを、このクリームでつくってもいい。

つくりやすい量の材料

牛乳…400g

グラニューとう…110g

たまごの黄身…90g

薄力粉…30g

コーンスターチ…10g

無塩バター…20g

つくり方

1 鍋に牛乳を入れて、中火にかけておく。

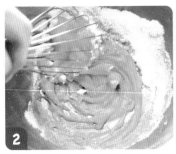

2 ボウルにたまごの黄身と、グラニューとうを入れて、泡立て器でよくすり混ぜる。

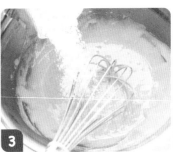

3 しっかり混ざったら、薄力粉とコーンスターチを入れる。

4 またすり混ぜる。

5 泡立て器の柄をにぎって強く早くうごかし、粉っぽさがなくなるまでしっかり混ぜる。

いちどに入れると、牛乳の熱でたまごがかたまるから、少しずつ入れるよ。

6 ❶の牛乳がわいたら、火をとめて、$\frac{1}{5}$量ぐらいを、❺に入れる。

7 泡立て器でよく混ぜる。

しっかり煮ると、味の深いクリームになる。最後に氷水で冷やすと、だん力が出て、もっとおいしくなるんだ。

かたまりはじめが、いちばんこげやすいから、いちど火からおろすんだ。

8 7を全部、1の牛乳の鍋のほうにもどして混ぜる。

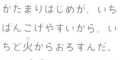

9 強めの中火にかけて、泡立て器で、全体を早く混ぜつづけながら煮る。

10 かたまりかけてきたら火からおろし、水でぬらしてしぼったタオルにのせ、早く混ぜる。

11 かたまりがなくなったら、鍋をまた火にもどし、早く混ぜつづける。

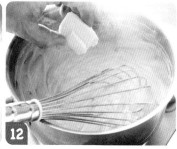

12 まん中のあたりがぷくぷくとわいてきたら、火をとめて、バターを入れる。

13 また、泡立て器を早くうごかしながら、1分ぐらいよく混ぜる。

14 きれいなボウルに入れる。

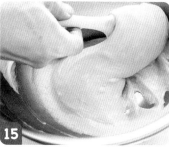

15 別のボウルに氷水を用意して、14のボウルをつける。ゴムベラで30秒ぐらい混ぜる。

16 冷たくなったらできあがり。ラップをぴっちりはりつけてかぶせ、冷蔵庫に入れておく。

ぷくっとふくらんだシューが
焼けたら、ほとんど成功だ。
生地の混ぜ方と温度、
たまごの入れ方が大事だよ。

シュークリーム

たまごたっぷりのシューと、
おいしいクリームの組み合わせ。
シューは少し多めだけれど、
これくらいがつくりやすい。
のこった生地は、しぼって
冷凍しておくといいよ。

つくりやすい量の材料

35こ分のシュー生地の材料

- ★
  - 無塩バター…100g
  - 牛乳…100g
  - 水…100㎖
  - グラニューとう…8g
  - 塩…2g
- 薄力粉…120g
- たまご…300gぐらい

シュークリーム10こ分のクリームの材料

- 98ページのカスタードクリーム…400g
- ◆
  - 生クリーム…100g
  - グラニューとう…8g
  - バニラエッセンス…2滴
- 粉ざとう…好きな量

※生クリームは、乳脂肪分35%のもの。
※口金は、直径15㎜の丸口金を使う。
※このほかに、シュー生地を焼くまえに、グラニューとうを使う。

つくり方 （はじめにやっておくこと）

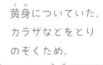

黄身についていた、
カラザなどをとり
のぞくため。

シュー生地の材料をはか
り常温にもどしておく。
▶「常温」の説明は11ページ。

薄力粉は、粉ふるいでふ
るっておく。

たまごは全部ボウルに入
れて、泡立て器で混ぜて
ほぐす。

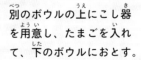

別のボウルの上にこし器
を用意し、たまごを入れ
て、下のボウルにおとす。

（シュー生地をつくる）

1 鍋に★を入れる。

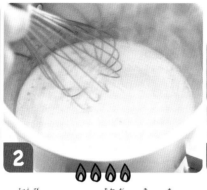

2 中火にかけて、泡立て器で混ぜる。わいて、液体が上に盛りあがってきたら、火をとめる。

3 すぐに、ふるっておいた薄力粉を、一気に入れる。

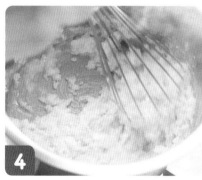

4 泡立て器を強く早くうごかし、液体と薄力粉をしっかり混ぜ合わせる。

5 こんなふうに、ひとかたまりになるようになったら、

木ベラはいつも、鍋の底にあてながらね。

6 また中火にかけて、今度は木ベラで混ぜながらね。水分がとんで、生地がまとまってくる。

7 木ベラで早く混ぜながらねりつづけて、鍋の底に薄い膜がはるような感じになったら、

たまごがこれより少ないと、熱でたまご焼きみたいになっちゃうよ。

8 火をとめて、ぬらしてしぼったタオルの上に鍋をのせる。といたたまごを半分くらい入れる。

9 木ベラで早く混ぜながらねる。ゆっくり混ぜると、鍋の熱でたまごがかたまってしまう。

つぎのページにつづく ≫

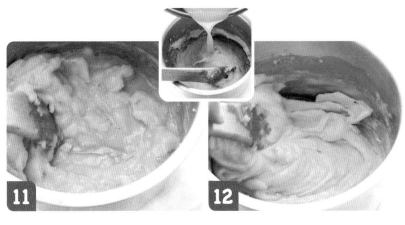

10 たまごがきちんと混ざって見えなくなったら、のこりのたまごの半分を入れる。

11 また、木ベラで早く混ぜながらねる。

12 きちんと混ざったら、またのこりのたまごの半分を入れて、木ベラで早く混ぜてねる。

> ゴムベラからたれた生地が、三角形になるくらいがちょうどいいかたさ。

13 きちんと混ざったら、のこりのたまごを全部入れる。

14 また早く混ぜてねる。

15 きちんと混ざったら、最後にゴムベラにもちかえて全体を混ぜ合わせ、なめらかな生地にする。

> 天板にはクッキングシートをしいておくよ。

（シューをつくる）

*オーブンは、焼きはじめられそうな時間に合わせて、190℃に予熱しておく。

> しぼり袋の使い方は、96ページを見てね。

16 丸口金をつけたしぼり袋に、⑮の生地をしぼりやすい量入れる。1cmの高さから天板にしぼる。

> 最後はしぼる手の力をぬいて、口金をまわすようにしてはなす。

17 間をあけながら直径4cmぐらいに10こしぼる。

18 きりふきで全体に水をかける。こうすると、焼けるときに生地がきれいにのびる。

19 まん中にグラニューとうをひとつまみのせる。焼くと生地がふくらんで、全体にひろがる。

20 190℃のオーブンで30分焼く。150℃にして、もう20分焼く。

のこった
シュー生地の保存

1 のこった生地はクッキングシートをしいたバットに、**16**と同じようにしてしぼる。このときは、間をあまりあけなくてもよい。

2 1を冷凍庫に入れて、冷凍する。

3 かたまったら、フリーザーバッグに入れて、冷凍庫で保存する。

4 焼くときは、間をあけて天板にならべて半解凍し、**18**から**20**と同じようにして焼く。

（クリームをつくる）

きちんと混ざっていなくていいよ。

（クリームをつめる）

21 ◆をボウルに入れ、37ページのようにして九分立てに泡立てる。

22 **21**をカスタードクリームに加え、ゴムベラで、下からすくうようにしながらさっくり合わせる。

23 シューが焼けたら、オーブンから出して、さましておく。

24 さめたら、上から$\frac{1}{3}$のところで切り分ける。

25 丸口金をつけたしぼり袋に、**22**のクリームを入れる。下側のシューの中に、たっぷりしぼる。

26 上側のシューをかぶせる。粉ざとうを茶こしに入れて、ふりかける。

フルーツ ロールケーキ

中はクリームだけでもおいしいけれど、
フルーツを入れると、
切り口がカラフルできれいだよ。

きれいに巻くコツは、
最初に「しん」を
つくること。

つくり方 （はじめにやっておくこと）

材料をはかる。たまごの白身は、使うまで冷蔵庫に入れておく。

薄力粉は、粉ふるいでふるっておく。

型より少し大きめにクッキングシートを切って、天板にしく。

40℃のぬるま湯を、ボウルなどに入れて用意する。

（スポンジ生地をつくる）　*オーブンは、焼きはじめられそうな時間に合わせて、180℃に予熱しておく。

ぬるま湯には、サラダ油を入れた小さなボウルを入れて温めておく。

1　別のボウルに★を入れて、泡立て器で混ぜ合わせる。

2　ぬるま湯のボウルを弱火にかけ、**1**のボウルをつける。泡立て器で混ぜながら40℃に温める。

3　40℃になったら**2**をお湯から出して、ハンドミキサーの高速で、5分ぐらい泡立てる。

4　これくらいとろっとして少し白っぽくなったら、おいておく。

5　別のボウルに◆のたまごの白身全部とグラニューとうの$\frac{1}{5}$を入れ、ハンドミキサーで泡立てる。

6　高速で1分ぐらい泡立てたら、のこりの◆のグラニューとうの$\frac{1}{4}$を入れ、30秒ぐらい泡立てる。

7　このあとも、のこりの◆のグラニューとうを3回に分けて加えながら、30秒ずつ泡立てる。

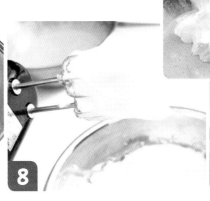

8　つやが出て、これくらいしっかりしたかたさになればいい。

ここはしっかり混ぜていいよ。

9　**8**をゴムベラで1回すくって、**4**のボウルに入れる。ゴムベラでしっかり混ぜ合わせる。

つぎのページにつづく ≫

ここからは、あまり力（ちから）を入（い）れすぎないようにして混（ま）ぜる。

10
⑨（まる9）をゴムベラで3回（かい）すくって、⑧（まる8）のボウルに入（い）れる。

11
ゴムベラで下（した）からすくいあげるようにして、混（ま）ぜ合（あ）わせる。

12
⑪（まる11）に、のこりの⑨（まる9）を全部（ぜんぶ）入（い）れる。ゴムベラで、下（した）からすくいあげるようにして、混（ま）ぜ合（あ）わせる。

13
半分（はんぶん）ぐらい混（ま）ざったら、薄力粉（はくりきこ）の $\frac{1}{3}$ を、全体（ぜんたい）にふりかけるようにして入（い）れる。

14
ゴムベラで20回（かい）ぐらい、下（した）からすくいあげるようにして、混（ま）ぜ合（あ）わせる。

15
のこりの薄力粉（はくりきこ）も、2回（かい）に分（わ）けて同（おな）じように入（い）れて、そのたびに同（おな）じように混（ま）ぜる。

（焼（や）く）

上（うえ）からおとすのは、スポンジ生地（きじ）が、あとでへこまないようにするため。

16
40℃に温（あたた）めたサラダ油（あぶら）を、全体（ぜんたい）にひろげて入（い）れる。サラダ油（あぶら）が見（み）えなくなるまでまた混（ま）ぜる。

17
クッキングシートをしいた天板（てんばん）に入（い）れる。カードなどを使（つか）って、全体（ぜんたい）に、たいらにひろげる。

18
180℃のオーブンで15分（ふん）焼（や）く。焼（や）きあがったら天板（てんばん）をとり出（だ）し、5㎝の高（たか）さから下（した）におとす。

（ロールケーキを組み立てる）

泡立て方は、37
ページを見てね。

19
紙ごと生地を天板からとり出す。
横の紙だけはがして、あみの上
でさましておく。

20
♥の生クリームとグラニューと
うをボウルに入れ、八分立てに
泡立てておく。

21
ヘタを切ったいちごとぶどうは
たて4等分に切る。オレンジは
皮を切りおとし、くし形に切る。

紙をはがしたほう
を外側にするほう
が、巻きやすい。

22
19の生地が完全にさめたら、う
ら返して、紙をはがす。

23
生地より大きい紙をしき、生地
を焼いた面を上にもどしてのせ
る。20をのせカードでひろげる。

24
手まえを2cmあけていちごをな
らべる。間を5cmずつあけなが
らほかのフルーツもならべる。

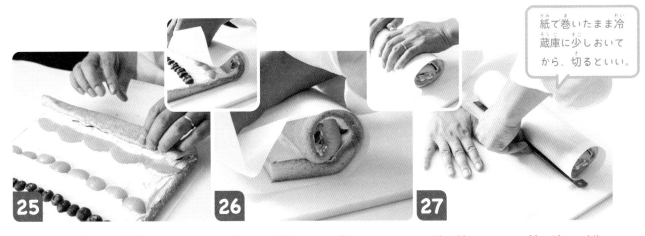

紙で巻いたまま冷
蔵庫に少しおいて
から、切るといい。

25
いちごに手まえの生地をかぶせ
ておさえ、しんをつくる。

26
手まえの紙をむこう側にのばす
ようにしながら巻く。巻きおわ
りを下にして紙を巻きおさえる。

27
下の紙をおさえ、上の紙を、長
いじょうぎでケーキの下に入れ
るようにおしながら、しめる。

焼いたスポンジ生地は
1日とっておけるから、
デコレーションは
つぎの日にやってもいい。

直径15cmの型1台分の材料

スポンジ生地の材料

たまご…120g

グラニューとう…85g

薄力粉…75g

┌ 無塩バター…20g
★
└ 牛乳…25g

デコレーション用のクリームの材料

┌ 生クリーム…500g

◆ グラニューとう…40g

└ バニラエッセンス…10滴

中に入れるいちご…12こぐらい

上にのせるいちご…7こぐらい

粉ざとう…少し

※型は、底がとれないもの。
※生クリームは、乳脂肪分
　45％のもの。

いちごの
ショートケーキ

誕生日やクリスマスなどの特別な日に
つくりたい、スペシャルなケーキ！

つくり方 （はじめにやっておくこと）

このお湯は、あと
でまた使うよ。

材料をはかる。薄力粉は
ふるっておく。★は小さ
いボウルに合わせておく。

大きめのフライパンに、
60℃のお湯を入れる。★
をつけてとかす。

長い長方形に切ったクッ
キングシートを、型の内
側に入れる。

型の底に合わせて丸く切
ったクッキングシートを、
ふわっと入れる。

*ここでは2台分の材料でつくっている。

（スポンジ生地をつくる）　*オーブンは、焼きはじめられそうな時間に合わせて、190℃に予熱しておく。

少し温めると、たまごが泡立ちやすくなるよ。

40℃は、ちょっとぬるめのおふろくらい。

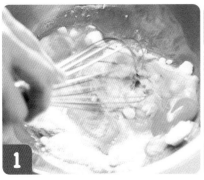

1

ボウルにたまごとグラニューとうを入れて、泡立て器でよくすり混ぜる。

2

フライパンに入れた60℃のお湯に、❶のボウルをつけて、泡立て器で混ぜる。

3

ボウルの中身が40℃くらいになったら、ボウルをお湯から出して、泡立て器で泡立てる。

ハンドミキサーは、ボウルの中でまわしながら泡立てる。

4

ハンドミキサーの高速で8分ぐらい泡立てる。さめたらときどきフライパンのお湯につける。

5

中速にして、30秒ぐらい泡立てる。お湯から出す。お湯には★のボウルをまたつけておく。

6

つやが出て、ミキサーから、リボンのようにおちるようになっていればいい。

1人でやるときは、薄力粉を4回ぐらいに分けて入れながら混ぜる。

（焼く）

7

❻の全体に薄力粉を少しずつ入れながら、ゴムベラで下からすくいあげるようにして混ぜる。

8

粉が見えなくなったら、温かい★を少しずつ入れて、下からすくいあげるようにして混ぜる。

9

バターが全体に混ざったら、型に入れる。190℃のオーブンで30分焼く。

つぎのページにつづく　>> 　109

中の熱い空気をぬいて、あとでちちまないようにするため。

つぎの日までとっておくときは、さめてからビニール袋などに入れてね。

（ケーキを組み立てる）

10 焼けたらとり出し、軍手などをはめた手でもって、20cmぐらいの高さから下におとす。

11 クッキングシートをしいたあみの上に、型をさかさまにしてとり出す。そのままさましておく。

12 ◆をボウルに入れ、37ページのようにして、ハンドミキサーで六分立てに泡立てる。

切りとった茶色い部分はここでは使わない。

高さが1cmの棒などが2本あれば切りやすい。

包丁を前後にこまかくうごかして切るといい。

13 いちごはヘタを切りおとし、12こは、たて3枚に切る。

14 ⑪がさめたら横の紙をとり、波刃包丁で上を薄く切りとり、うら返す。下から1cmを切る。

15 上の生地を、また同じように、下から1cmのところで切る。丸い紙をはがす。

はさむ生クリームは、少しかためのほうがくずれない。生クリームは、ずっと氷水につけたままで。

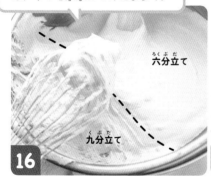

六分立て

九分立て

16 ⑫のボウルの中の生クリームの半分を、泡立て器で九分立てくらいに泡立てる。

17 回転台や大きいたいらな皿の上に、⑮の生地を1枚のせる。

18 ⑯の九分立ての生クリームを、泡立て器ですくってのせ、スパテラでたいらにひろげる。

110

19 ⓲の上全体に、⓭のいちごを、できるだけすきまができないように、しきつめる。

20 いちごの上に、また⓰の九分立ての生クリームをこれくらいのせて、

21 スパテラでひろげる。スポンジ生地を1枚のせ、また生クリームをぬり、いちごをならべる。

（クリームをぬる）

22 ㉑にのこりのスポンジ生地をのせ、上から少しおさえて、おちつかせる。

23 横に九分立ての生クリームをこれくらいつけて、回転台をまわしながら、スパテラでのばす。

24 また生クリームをつけながら、㉓と同じようにして、横全体にのばしていく。

25 横をぬりおわったら、上にも九分立ての生クリームをのせる。

26 スパテラをあてて、回転台をまわしながらひろげていく。

27 ⓰のボウルにのこった生クリーム全体を混ぜて、七分立てくらいにし、上にたっぷりのせる。

つぎのページにつづく　≫

28 スパテラをあてて、回転台をまわしながらたいらにする。

29 横にも生クリームを何回かつけながら、スパテラをあてて回転台をまわしてぬっていく。

30 もういちど上に生クリームをのせてスパテラをあて、回転台をまわしてきれいにととのえる。

下にスパテラをさしこんで、てのひらにのせてうつすよ。

（デコレーションする）

31 横にもまた生クリームをつけてスパテラをあて、回転台をまわしてきれいにととのえる。

32 上にとび出た部分は、スパテラで内側方向にはらってととのえる。盛りつけ用の皿にうつす。

33 ボウルの中の生クリームを、泡立て器で八分立てくらいにする。

クリームのしぼり方は、次のページを見てね。

34 33の生クリームを、星口金をつけたしぼり袋に入れ、ローズしぼりで6こしぼる。

35 34でしぼったクリームの間に、シェルしぼりで6こしぼる。

36 まん中にいちごを7このせる。粉ざとうを茶こしに入れて、ふりかける。

クリームをかっこよくしぼろう

上にのっているクリームがかっこいいと、ケーキはとてもかっこよく見える。
かっこいいクリームにするために、まず大事なのは、生クリームを、ちょうどいいかたさに泡立てること。やわらかすぎてもかたすぎても、きれいにしぼれないよ。泡立てた生クリームは温まるとやわらかくなるから、いつもボウルを氷水につけておくよ。部屋の温度も、少しひくめのほうがいい。ケーキによく使われるしぼり方を、2種類おしえるね。

しぼり方 （はじめにやっておくこと）

しぼり袋に星口金をつけて、八分立てにした生クリームを入れる。
入れ方やしぼり袋の使い方は、クッキー生地のときと同じなので96ページを見る。

*口金は、星口金の6切り#10を使った。

① ローズしぼり

1cmぐらいの高さから少ししぼって、そこから小さな丸をかくように口金をまわしてしぼる。

最後はしぼる力をぬいて、さっと口金をはなす。

*ローズはバラのこと。

② シェルしぼり

1cmぐらいの高さから、口金をほんの少し上にあげながらしぼる。

口金をななめ下にゆっくり引きながら、少しずつしぼる力をぬいていく。

*シェルは貝がらのこと。

パティシエのうらわざ

ケーキを組み立てて、デコレーションするときは、3種類ぐらいのかたさに泡立てた生クリームを使い分ける。パティシエは、これを1つのボウルの中でつくるんだ。もちろん、別々のボウルに分けてつくってもいいよ。

混ぜながら七分立てや八分立てにする。

六分立て

九分立て

クリスマスケーキをつくってみよう

108ページのいちごのショートケーキに、売っているクリスマス用のかざりをのせれば、クリスマスケーキのできあがり！

やっぱり、サンタさんはのせたいな。

いちごのサンタクロース

簡単にクリスマスっぽくするなら、こんなサンタクロースでかざるのはどうかな？　クリームをぬっただけのケーキにのせても、横にそえてもいい。

材料

形のいいいちご…好きな量

グラニューとうを加え、八分立てにした生クリーム…好きな量

チョコペン…1本

※生クリームは、112ページでいちごのケーキのデコレーションに使ったものと同じ。

＼ できあがり！ ／

1 いちごはヘタを切りおとし、先のとんがったほうを、$\frac{1}{3}$切りはなす。

2 丸口金をつけたしぼり袋で、下と上のいちごに、生クリームをしぼる。

3 下のいちごの生クリームの上に、上のいちごをのせて、チョコペンで顔をかく。

和風のお菓子

日本らしいお菓子もいろいろあるね。おもちのようなお菓子や、あんこを使うお菓子、かんてんでかためるお菓子もある。自分でつくると、できたてが食べられるのがいいね。焼きたてのどら焼きや、つくりたてのわらびもちのおいしさを、ぜひ味わってみて。

牛乳かんとフルーツ

牛乳をほんのり甘くして、
かんてんでかためてつくる牛乳かん。
甘ずっぱいフルーツと合わせると、
おいしくて、色もきれいだね。

つくりやすい量の材料

- ┌ 水…200㎖
- └ 粉かんてん…4g
- ★ ┌ 上白とう…60g
- └ 牛乳…300㎖

- キウイ…1こ

- バナナ…1本

- ラズベリー…1パック

- ┌ 水…300㎖
- ◆ │ 上白とう…100g
- └ レモン汁…レモン $\frac{1}{2}$ こ分

※型は、たて15㎝×横13㎝
高さ6㎝の四角い型を使っ
た。おべんとう箱などを使っ
てもよい。

※レモン汁は、半分に切った
レモンをしぼってとった。

かんてんを水に加えたら、
煮てしっかりとかすことが
ポイント。そうしないと、
あとでかたまらないよ。

つくり方 （はじめにやっておくこと）

材料をはかる。

少し外側にはみ出すよう
にして、型にラップをぴ
っちりしいておく。

◆の水と上白とうを鍋に
入れ中火にかける。ヘラ
で混ぜてとかす。

火をとめて、レモン汁を
入れて、さましておく。シ
ロップのできあがり。

（牛乳かんをつくる）

煮て、しっかり
かんてんをとかそう。

1 別の鍋に★の水と粉かんてんを入れて、中火にかける。木ベラで混ぜながら3分ぐらい煮る。

2 ★の上白とうを入れる。

3 混ぜてとかす。

4 ★の牛乳も入れて、全体に牛乳が混ざるように、よく混ぜる。

5 ラップをしいた型の上に、こし器を用意する。そこに**4**を流して、下の型に入れる。

6 そのままさましておく。さわれるくらいにさめたら、冷蔵庫に入れて、1時間以上おく。

（盛りつける）

7 キウイとバナナは皮をむき、食べやすい厚さに切る。ラズベリーは水でゆすいで水気をきる。

8 **6**がかたまったら、ラップをつかんで、もちあげるようにして、型からとり出す。

9 食べやすい大きさの、四角に切る。**7**といっしょにうつわに盛りつけて、シロップをかける。

わらびもち

できたてが食べられるのが、
手づくりのいいところだね。
きな粉をたっぷりまぶして黒みつをかけて、
とろっとめしあがれ。

きな粉のかわりに、
すりごまをまぶしてもおいしい。
なにもまぶさずに
氷水で冷やして、
フルーツのソースを
かけてもいいよ。

つくりやすい量の材料

わらび粉…50g
上白とう…60g
水…250㎖
きな粉…好きな量
黒みつ…好きな量

つくり方

（はじめにやっておくこと）

材料をはかる。

きな粉を、バットに入れ
て、ひろげておく。

118

（わらびもちをつくる）

1

ボウルにわらび粉と上白とうを入れる。水250㎖を、少しずつ入れながら、指で混ぜていく。

2

かたまりは、指ではさんでつぶしながら、しっかり混ぜる。

3

鍋の上にこし器を用意する。そこに**2**を流し、下の鍋に入れる。

こうやってよくねると、だん力が出て食感がよくなるよ。

4

3の鍋を弱火にかけて、木ベラで混ぜつづける。

5

混ぜているうちに、少しずつかたまってくる。鍋の底に木ベラをあてながら、混ぜつづける。

6

どんどんかたまってくるので、力を入れて、早く混ぜつづける。とうめい感が出てくる。

（きな粉をまぶす）

つぎの日になるとかたくなるから、その日のうちに食べるといいよ。

7

とうめい感が出て、ひとまとまりになってきたら、きな粉をしいたバットの上にとり出す。

8

上にもきな粉をふりかけて、そのままさましておく。さわれるくらいの温度になればよい。

9

8がさめたら、ひと口で食べられる大きさにちぎる。うつわに盛りつけて、黒みつをかける。

3色白玉ぜんざい

白、緑、ピンクの白玉の
組み合わせがかわいいね。
緑色の色づけにはまっ茶、
ピンクにはいちごを使っているよ。

5人分の材料

粒あん…100g

水…大さじ2

┌ 白玉粉…30g
★
└ 豆乳…大さじ2

┌ 白玉粉…30g
◆ まっ茶…小さじ$\frac{1}{2}$
└ 水…大さじ2

┌ 白玉粉…30g
♥
└ いちご…30g

つくり方 （はじめにやっておくこと）

材料をはかる。★と◆と
♥の白玉粉は、別々の小
さなボウルに入れる。

粒あんに、水を大さじ2
加えて、混ぜておく。

白玉の生地をこねるときは、
少しかたいかなと思うくらいに
しておいて、ようすを見ながら、
水分を少しずつたしていくといい。

（3色の生地をつくる）

耳たぶぐらいの
かたさになれば
いい。

1 ★の白玉粉に、豆乳を少しずつ入れ、指でつぶしながら混ぜて、なめらかになるまでこねる。

2 ◆の白玉粉にまっ茶を加え、水を少しずつ入れ、**1**と同じようになめらかになるまでこねる。

3 いちごはヘタを切りおとし、フォークでつぶす。

（丸めてゆでる）

4 ♥の白玉粉に**3**のいちごを加え、指でつぶしながら混ぜて、なめらかになるまでこねる。

5 **1**の生地を、ちぎりやすく少しのばしてから、5等分にちぎる。

6 ちぎった生地を、てのひらでころがして丸める。

火がとおると、だんだん浮いてくる。ゆでている間に、氷水を用意しておこう。

7 **2**と**4**の生地も、**5**、**6**と同じようにして丸める。指でまん中をおして、少しつぶしておく。

8 鍋にお湯をわかし、中火にする。**7**の白玉を入れて、3分ぐらいゆでる。

9 浮いた白玉を氷水に入れて冷やし、水気をきる。うつわに粒あんを入れ、3色の白玉をのせる。

生地が蒸しあがって、蒸し器のふたをあけるときは、むこう側をあけて、熱い湯気が自分にかからないようにしよう。

8本分の材料

- 上新粉…110g
- ★白玉粉…40g
- 上白とう…15g
- ぬるま湯…120mℓくらい
- サラダ油…少し

みたらしあんの材料

- 水…120mℓ
- しょうゆ…60mℓ
- ◆上白とう…70g
- かたくり粉…大さじ1

かぼちゃあんの材料

- かぼちゃ…200g
- ♥生クリーム…50mℓ
- はちみつ…80mℓ
- 黒ごま…好きな量
- 10cmぐらいの串…8本

ひと口串だんご
みたらしあんと、かぼちゃあん

ミニサイズの串だんごだよ。甘じょっぱいみたらしあんと、かぼちゃの自然な甘みをいかしたかぼちゃあんをからめて。

つくり方 （はじめにやっておくこと）

材料をはかる。

かぼちゃの種とワタをスプーンでとり、全体に水をつけ、ラップでつつむ。

電子レンジに8分ぐらいかけて、完全にやわらかくする。

（みたらしあんをつくる）

1 ◆の材料を小鍋に入れて、混ぜ合わせる。弱火にかけて、ヘラで混ぜながら煮る。

2 粉がとけてとろみがついてきたら、もう1分ぐらい混ぜながら煮る。火をとめてできあがり。

（かぼちゃあんをつくる）

3 やわらかくしたかぼちゃの皮をとり、実の部分をボウルに入れて、マッシャーなどでつぶす。

> マッシャーがなければ、フォークでもいいよ。

（だんごの生地をつくる）

4 ♥の生クリームとはちみつを加えて、ゴムベラで混ぜ合わせてなめらかにする。

5 別のボウルに★を入れ、ぬるま湯を少しずつ入れながら手で混ぜる。ぬるま湯は少しのこす。

> ぬるま湯は少しとっておいて、あとからようすを見ながらたすようにするといい。

6 粉をギュッとにぎるようにしながら、こねる。

7 生地がかたすぎるときは、のこしておいたぬるま湯を入れて、よくねり合わせる。

8 耳たぶくらいのやわらかさの生地になればよい。7等分ぐらいにちぎっておく。

> ちぎったほうが、早く火がとおるよ。蒸すときは、ふたをしてね。

9 さらしを水でぬらしてしぼり、蒸し器にしく。8を入れて強火にかけ、わいてから30分蒸す。

つぎのページにつづく ≫ 123

やけどしないように、気をつけて!

（串だんごをつくる）

10 さらしごとボウルにとり出す。熱いうちにまわりのさらしをかぶせ、その上からもむ。

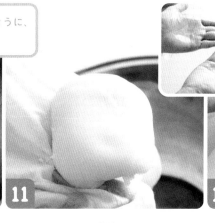

11 つやが出て、表面がなめらかになるまでもみながら、1つにまとめる。

12 手とまな板に、サラダ油を薄くぬっておく。**11**の生地を、棒のように少しのばす。

13 まな板の上において、ころがしながら、もう少しのばす。

14 16等分に、切り分ける。

15 全部、手で丸める。

時間がたつとかたくなるから、早めに食べてね。

16 指でまん中をおして、少しつぶしておく。

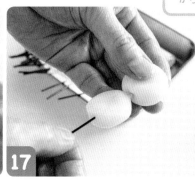

17 串を水でぬらしておいて、**16**のだんごを2こずつさす。全部で8本の串だんごができる。

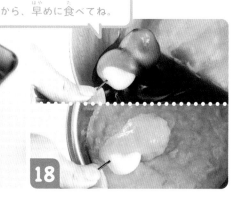

18 4本にはみたらしあんをからめる。あとの4本には、かぼちゃあんをからめて黒ごまをふる。

いちごのかわりに、
ほかのフルーツを使ってもつくれるよ。
甘ずっぱいものがいい。

8こ分の材料

白玉粉…60g

水…120mℓ

上白とう…90g

粒あん…160g

いちご…8こ

かたくり粉…好きな量

いちご大福

甘いあんこと、甘ずっぱいいちごの
組み合わせは、みんな大好き。
つぎの日になるとかたくなるから、
その日のうちに食べよう。

バリエーション

シャインマスカットを使った
ぶどう大福

缶詰のみかんを使った
みかん大福

つくり方 （はじめにやっておくこと）

材料をはかる。

かたくり粉を、バットに
入れて、ひろげておく。

粒あんを8等分にし、少
したいらにして、いちご
をのせてつつむ。

いちごが全部かくれたら、
丸めておく。

つぎのページにつづく ≫≫

（大福の生地をつくる）

1
ボウルに白玉粉を入れて、水120mℓを少しずつ入れて、かたまりをつぶしながら手で混ぜる。

2
鍋の上にこし器を用意する。そこに**1**を流し、下の鍋に入れる。

こし器にのこったつぶは、手で混ぜながらつぶすよ。

3
2の鍋に上白とうを入れる。

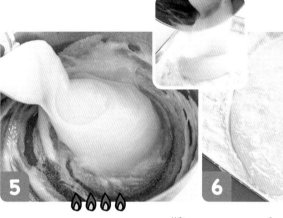

鍋の底にヘラをあてながら混ぜるよ。

4
中火にかけ、木ベラで混ぜる。少しずつかたまってくるので、混ぜつづける。

5
おもちのようになってきたら、早く混ぜてねる。とうめい感が出てまとまってきたら、

6
かたくり粉をしいたバットの上にとり出す。上にもかたくり粉をふりかけて、さましておく。

（いちご入りの粒あんをつつむ）

7
さわれるくらいの温度になったら、少したいらにして、ヘラなどで8等分にする。

8
7を1つとり、いちご入りの粒あんをのせる。まわりの生地をのばしながら、つつんでいく。

9
つつみおわったら、生地を指でつまんでとじる。とじたほうを下にして、うつわにのせる。

126

5こ分の材料

たまご…2こ	┌ はちみつ…小さじ2
上白とう…80g	◆ 水…小さじ2
薄力粉…90g	└ 粒あん…200g
牛乳…20㎖	サラダ油…大さじ2
┌ 重そう…小さじ$\frac{1}{2}$	
★ 水…小さじ2	

どら焼き

こんがりと焼けた生地がおいしいから、
できたてを食べてみて。
はさむものは、あんこのほかにも、
いろいろためしてみるとたのしい。

生地はフライパンでも焼けるけど、
ホットプレートが焼きやすい。
焼くときの温度は、
高すぎても低すぎても
きれいに焼けないから、
ちょうどいい温度でね。

つくり方 （はじめにやっておくこと）

材料をはかる。

粒あんは、5等分にして
おく。

★の重そうと水を、混ぜ
合わせておく。

◆のはちみつと水も、混
ぜ合わせておく。

つぎのページにつづく ≫ 127

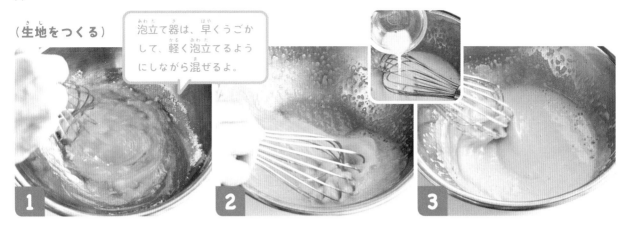

（生地をつくる）

泡立て器は、早くうごか
して、軽く泡立てるよう
にしながら混ぜるよ。

1
たまごをわり、ボウルに入れて
ほぐす。上白とうを加えて泡立
て器でよく混ぜる。

2
少し白っぽくなってきたら、混
ぜ合わせておいた★を入れる。

3
また、1分ぐらい混ぜる。

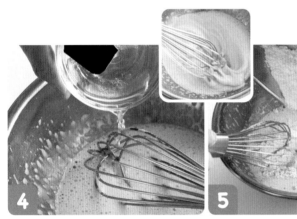

4
つぎに、混ぜ合わせておいた◆
を入れ、また1分ぐらい混ぜる。

5
薄力粉を加える。

6
白い粉の部分がなくなるように
混ぜ合わせる。

こうやって生地をやすま
せることで、しっとりと
焼きあがる。

7
ボウルにラップをかけて、冷蔵
庫に30分入れておく。

8
30分たったら冷蔵庫から出して、
牛乳を加える。

9
全体が同じ状態になるまで、1
分ぐらい混ぜ合わせる。

（生地を焼く）

サラダ油は、ペーパータオルにつけて薄くぬるよ。生地は、直径8cmくらいに入れる。

10

ホットプレートを180℃にし、サラダ油を薄くぬる。9の生地を、お玉ですくって入れる。

11

4分から5分焼くと、表面がかわいて、空気の穴がぷつぷつできてくる。

12

ヘラで少しあげて見てこんがり色づいていたら、ヘラで一気にうら返す。また2分ぐらい焼く。

最初に焼いたきれいなほうが、表になるよ。

（粒あんをはさむ）

13

焼けたら、最初に焼いたほうを上にして、バットにひろげてさます。全部で10枚焼く。

14

13の生地1枚のうら側に、粒あんをのせて、少しひろげる。

15

もう1枚の生地を、うら側を下にしてかぶせてはさむ。あと4こも同じようにしてつくる。

バリエーション 　粒あんといっしょに好きなものをはさんで、自分だけのどら焼きをつくるのもたのしいね。

きな粉クリームあんどら焼き

1　生クリーム100mℓをボウルに入れ、上白とう大さじ1と、きな粉大さじ2を加えて、ハンドミキサーで泡立てる。

2　1を、粒あんの上にぬってはさむ。

りんごみつあんどら焼き

1　りんご1こをくし形に切って、しんを切りとり、皮をむく。

2　1を5mmくらいの四角に切って鍋に入れ、みりん150mℓを加えて、火にかける。わいたら弱火にして、水分がほとんどなくなるまで煮る。

3　2を、粒あんの上にぬってはさむ。

*材料はすべて、つくりやすい量。

チョコレートの不思議

チョコレートがおいしいのは、甘いからだけじゃない。かんだときはパリッとしてるのに、口の中ですぐにとろっととける。あのとけ方がおいしいんだよね。

暑い日に、チョコレートがとけちゃって、あわてて冷蔵庫に入れて冷やしたことはないかな？　でも、1回とけちゃったチョコレートは、そのあとかためても、白っぽくなっていたり、食べてもザラザラしていたりして、なんだかおいしくないよね。なんでだろう？

チョコレートのおいしさには、チョコレートの中のカカオバターという成分が関係しているんだ。チョコレートの中で、このカカオバターのつぶは「結晶」になっている。結晶というのは、つぶがきちんと規則正しくならんでいるかたまりのことだよ。塩の結晶は、見たことがあるんじゃないかな？　そして、お店で売っているチョコレートは、このカカオバターの結晶が、いちばんいい形になっている。だから、パリッとわれて、とろっととけておいしいんだ。

ところが、チョコレートがとけちゃうと、このカカオバターの結晶はバラバラになってしまう。そしてもういちどかたまるときには、別の形の結晶がいろいろ出てきちゃって、いちばんいい形の結晶だけにはなってくれないんだ。そうすると、ボソボソしたり、やわらかいチョコレートになってしまったりする。だから、チョコレートをただとかして型に入れただけでは、おいしくはならないんだね。

カカオバターをいい結晶のあつまりにもどすには、チョコレートの温度をあげたりさげげたり、またあげたりする、特別な方法が必要なんだ。お家でつくるときは、チョコレートをとかすときに、あまり温度をあげすぎないように気をつけてみてね。

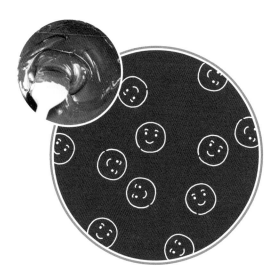

とけたチョコ
カカオバターのつぶが、
バラバラになっている状態

かたまっているチョコ
カカオバターのつぶが、
規則正しくならんだ
いい結晶になっている状態

プレゼントに ぴったりな チョコレートのお菓子

·········

バレンタインデーやなにかのお祝い、おれい のときなどにプレゼントしたい、チョコレー トやココアを使ったお菓子だよ。どれも少し ずつ分けられて、もちはこびもしやすい。お 菓子ができたら、ラッピング用の袋やシール、 リボンなどを使って、自由にラッピングして みてね。

かわいくラッピング
してみてね。

棒なしでも
いいよ。

チョコペンで
かおをかいても。

中身の材料

★「 板ブラックチョコレート…1枚
 └ 板ミルクチョコレート…1枚

 ビスケット…約80g（←18枚ぐらい）

 生クリーム…60g

コーティング用チョコレートの材料

◆「 板ミルクチョコレート…2枚
 └ 板ブラックチョコレート…1枚

 サラダ油…小さじ $\frac{3}{4}$

※板チョコレートは、1枚50gのもの。
※ビスケットは甘みの少ないものがよい。

ロリポップ用の棒…20本から24本

チョコレート用転写シートや
 カラーチョコレートスプレー
 …好きな量

♥「 フリーズドライのフランボワーズ
 フレーク、ココナッツファイン、
 甘くないココアパウダーなど
 └ …あれば好きな量

ロリポップショコラ

つくるのもあげるのもたのしい、棒つきチョコ。
いろいろなかざり方ができるから、くふうしてみてね。

転写シートにのせたら、
完全にかたまるまで
うごかさないようにね。

つくり方 （はじめにやっておくこと）

ビスケットはじょうぶな
ビニール袋に入れ、めん
棒であらくつぶす。

★のチョコレートは、で
きるだけ小さくわって、ボ
ウルに入れる。

ボウルを55℃くらいのお
湯につけて、ゴムベラで
混ぜながらとかす。

（中身をつくる）

1 くだいたビスケットをボウルに入れ、生クリームを加えて、ゴムベラで混ぜる。

2 混ざったら、★のチョコレートを加えて混ぜる。バットにはクッキングシートをしいておく。

3 ②を1こ10gぐらいにスプーンで分けて、②のバットにならべる。冷蔵庫に15分入れておく。

棒は、中心より少し下までさすといい。

（チョコレートをつけてかざる）

4 丸めやすいかたさになったら、てのひらでころがして丸める。

5 かたまらないうちに、ロリポップ用の棒をさす。冷蔵庫に15分ぐらい入れて冷やしておく。

6 転写シートやチョコスプレーをバットに入れる。◆は★と同じようにとかしサラダ油を混ぜる。

なにもつけないときは、クッキングシートの上に立てておく。

冷蔵庫に入れるまえに、♥をふりかけてもいい。

7 ⑥のチョコレートに、⑤をつけてからめる。棒がささった部分は、スプーンでかけるといい。

8 ⑦をいくつか⑥のチョコスプレーの上に立てる。冷蔵庫に入れて、完全にかたまるまでおく。

9 ⑦ののこりを⑥の転写シートの上に立てる。冷蔵庫に入れて、完全にかたまってからはがす。

チョコレートをとかして
かためるお菓子は、
温度がとても大事なの。
温度計ではかって、
つくってみてね。

直径6cmのマンディアン型
9こから10こ分の材料

★ ┌ 板ミルクチョコレート…2枚
  └ 板ブラックチョコレート…1枚

甘くないココアパウダー…4.5g

好きなドライフルーツやナッツ
　　　　　　…好きな量

※板チョコレートは、1枚50gのもの。
※マンディアン用トレーは、100円ショップなどで買える。
※ドライフルーツは、レーズンとクランベリーを使った。
※ナッツはアーモンド、カシューナッツ、くるみ、ピスタチオを使った。

マンディアン

いろいろな色や形の、ナッツやドライフルーツを
のせるときれいだよ。トレーがなければ、
クッキングシートにスプーンで丸く流してもいい。

つくり方 （はじめにやっておくこと）

どちらもボウルの $\frac{1}{3}$ ぐらいの量でいいよ。

トレーのまま、中が見える袋に1つずつ入れるといい。

材料を用意する。ココアはふるっておく。ピスタチオはこまかくきざむ。

★のチョコレートはできるだけ小さくわり、ボウルに入れておく。

別のボウルに55℃のお湯を用意する。水を入れたボウルも用意する。

（チョコレートをとかす）

空気が入らないように、しずかに混ぜるよ。

45.0℃

1 お湯を入れたボウルに、★のボウルをつける。ゴムベラでしずかに混ぜて、チョコをとかす。

2 チョコがとけて45℃になったら、お湯から出す。

3 水を入れたボウルに氷を2こ3こ入れ、**2**のボウルをつける。しずかに混ぜる。

30.0℃

これで、パリッとして口どけのいい、つやのあるチョコになる。

（トレーに入れて冷やしかためる）

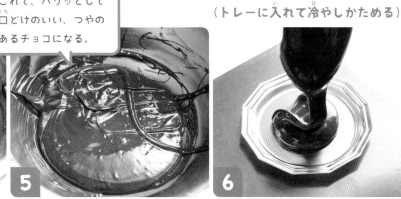

4 **3**の温度が30℃にさがったら、ココアパウダーを入れる。しずかに混ぜる。

5 なめらかになって、ココアが見えなくなればよい。

6 大きいスプーンなどで、マンディアン用のトレーに入れる。

7 低いところから、トントントンと台におとして、チョコレートをたいらにする。

8 かたまらないうちに、ナッツやドライフルーツをバランスよくのせる。

9 冷蔵庫に30分以上入れて、冷やしかためる。

135

ロッシェショコラ

ロッシェはフランス語で「岩山」という意味。
ショコラは「チョコレート」。
見た目どおりの名前だね。
サクサクした食感がおいしいよ。

ここでは、お菓子づくり用の
チョコレートを使ったけれど、
板チョコでもつくれるよ。

約9こ分の材料

ビターチョコレート…100g

フィユティーヌ…50g

アーモンドダイス…15g

※フィユティーヌは、クレープ
生地を薄くのばして焼いて、こ
まかくくだいたもの。お菓子
材料店や、ネットで買える。

136

つくり方 （はじめにやっておくこと）

材料をはかる。チョコレートはボウルに入れる。

アーモンドダイスは、170℃のオーブンで6分焼く。

（材料を混ぜる）

1

ボウルに50℃ほどのお湯を用意して弱火にかける。チョコレートを入れたボウルをつける。

2

チョコレートがとけてきたら、ゴムベラで混ぜて完全にとかす。

3

とけたら、ボウルをお湯から出し、フィユティーヌを入れる。

4

アーモンドダイスも入れる。

5

ゴムベラで混ぜ合わせる。全体が同じ状態になればよい。

（冷やしかためる）

食べやすい大きさにしよう。

6

バットにクッキングシートをしき、**5**をスプーンですくってのせる。冷蔵庫で30分冷やす。

137

ブールドネージュ

ブールドネージュは、
フランス語で「雪のたま」という意味。
スノーボールクッキーともいわれるね。
口の中でホロッとくずれるところが、
雪だまみたいだよ。

シリカゲルを入れた
保存容器に入れれば、2週間
ぐらい保存できるから、
プレゼントに使いやすい。

25こから30こ分の材料

無塩バター…70g

粉ざとう…30g

★ 薄力粉…50g
　アーモンドパウダー…40g
　甘くないココアパウダー…10g

アーモンドダイス…30g

◆ 粉ざとう…100g
　甘くないココアパウダー…20g

つくり方 （はじめにやっておくこと）

材料をはかる。バターは
常温にもどしておく。
▶「常温」の説明は11ページ。

★は合わせて、粉ふるい
でふるっておく。

アーモンドダイスは、170
℃のオーブンで6分焼く。

（生地をつくる）

1 ボウルにバターと粉ざとうを入れて、ゴムベラで、すりつぶすようにして混ぜる。

2 混ざったら、★とアーモンドダイスを入れて、白い粉が見えなくなるまで、よくすり混ぜる。

3 混ざったら、ひとまとめにして大きめに切ったラップの上にのせる。

冷やすと切りやすくなる。

（丸めて焼く）　*オーブンは、焼きはじめられそうな時間に合わせて、160℃に予熱しておく。

4 ラップをかぶせてつつむ。手でおして1cm厚さの四角にのばす。冷蔵庫に1時間入れておく。

5 ラップからとり出して、たてと横が2cmくらいになるように切り分ける。

6 5を1つずつ、てのひらでころがして丸める。

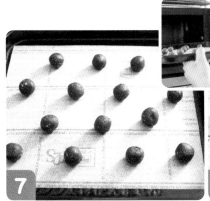

7 クッキングシートをしいた天板にならべる。160℃のオーブンで、18分焼く。

8 焼きあがり。さましておく。

9 ボウルに◆を入れて混ぜる。8を入れて、手で全体にまぶしつける。よぶんな粉はおとす。

ボウルに材料を
どんどん加えながら
混ぜていくから、
大きいボウルを
使ってね。

ブラウニー

ナッツが入った、ボリュームたっぷりの
チョコケーキ。ドライフルーツを入れてもいいよ。

17cm×21cm 高さ4cmの バット1枚分の材料

- ★ ┌ ビターチョコレート…120g
-   └ 無塩バター…70g
- たまご…1こ
- グラニューとう…60g
- 牛乳…15g
- ┌ 薄力粉…70g
- ◆ 甘くないココアパウダー…15g
- └ ベーキングパウダー…4g
- くるみ…30g
- アーモンドスライス…30g
- バットにぬるサラダ油…少し

※ここで使ったビターチョコレートは、
お菓子づくり用のチョコレート。

つくり方 （はじめにやっておくこと）

材料をはかる。たまごは
常温にもどし、泡立て器
で混ぜてといておく。
▶「常温」の説明は11ページ。

くるみは、150℃のオー
ブンで10分焼いておく。

クッキングシートをバッ
トより大きい四角に切り
角に切りこみを入れる。

バットにサラダ油を薄く
ぬり、はりつけるように
してしいておく。

（生地をつくる）　＊オーブンは、焼きはじめられそうな時間に合わせて、170℃に予熱しておく。

1　★をボウルに入れる。別のボウルに入れた55℃のお湯につけながらとかす。

2　別のボウルにたまごとグラニューとうを入れて泡立て器で混ぜる。これを **1** に入れよく混ぜる。

3　牛乳も加えて、なめらかになるまでよく混ぜる。

4　**3** のボウルの上にザルを用意して ◆ を入れる。ザルをこまかくうごかして、ふるいおとす。

5　ゴムベラで、粉が見えなくなるまでよく混ぜる。

6　くるみの $\frac{3}{4}$ 量を、指であらくだいて入れる。アーモンドの $\frac{3}{4}$ 量も入れて、混ぜ合わせる。

（焼く）

トントン♩

7　バットに入れてゴムベラで全体にたいらにひろげる。台の上にトントンとあてて、空気をぬく。

8　のこりのくるみをわってのせ、アーモンドもちらす。170℃のオーブンで20分から25分焼く。

さめてから、食べやすい大きさに切り分ける。

9　竹串をさして、どろっとした生地がついてこなければ、バットから出してあみの上でさます。

141

ガトーショコラ

チョコレートの味が濃くて、
おいしいチョコレートケーキだよ。
薄力粉を使わないから、
口どけがよくてとってもなめらか。

さましているうちに、
まん中がへこんで
くるけれど、
それでいいんだ。
失敗じゃないよ。

つくり方 （はじめにやっておくこと）

材料をはかる。たまごとたまごの黄身は、別々にといておく。

♥は合わせて、粉ふるいでふるっておく。

★をボウルに入れて50℃のお湯につけ、ゴムベラで混ぜてとかす。

◆は鍋に入れ、中火にかけてわかす。

（生地をつくる） *オーブンは、焼きはじめられそうな時間に
合わせて、170℃に予熱しておく。

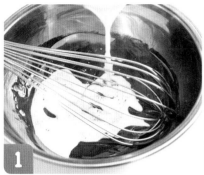

1 ★が40℃になったらお湯から出し、わかした◆を入れる。泡立て器で混ぜ合わせる。

2 混ざったら、たまごを入れて混ぜ合わせる。混ざったら、黄身も入れて混ぜ合わせる。

3 混ざったら、♥を入れて、粉が見えなくなるまで混ぜ合わせる。おいておく。

少しやわらかめでいいよ。

4 別のボウルに♠のたまごの白身と、♠のグラニューとうの半分を入れる。

5 ハンドミキサーの中速で、30秒ぐらい泡立てる。

6 のこりの♠のグラニューとうを入れて、また中速で30秒ぐらい泡立てる。

（焼く）

7 3のボウルに6を入れる。ゴムベラで、下からすくいあげるようにしながら混ぜる。

8 白い部分が見えなくなったら、天板にのせた型に入れる。170℃のオーブンで12分焼く。

9 焼きあがり。あみにのせてさましておく。

お菓子はすごい！

パティシエが先生！
小学生から使える、子どものための
はじめてのお菓子の本

・・・

初版発行　2021年3月1日
6版発行　2024年1月15日

編　者 ©・・・・・・・・・・・・・・・・・・・・・・・・・・・ 柴田書店

発 行 者 ・・・・・・・・・・・・・・・・・・・・・・・・ 丸山兼一

発 行 所 ・・・・・・・・・・・・・・・・・・・・・・・・ 株式会社 柴田書店
　　　　　　　　　　　　　　　東京都文京区湯島3-26-9
　　　　　　　　　　　　　　　イヤサカビル 〒113-8477
　　　　　　　　　　　　　　　☎ 03-5816-8282（営業部：注文・問合せ）
　　　　　　　　　　　　　　　☎ 03-5816-8260（書籍編集部）
　　　　　　　　　　　　　　　https://www.shibatashoten.co.jp

印 刷・製 本 ・・・・・・・・・・・・・・・・・・・・ 公和印刷株式会社

・・・

ISBN 978-4-388-06334-5
Printed in Japan ©Shibatashoten 2021